Óscar Martínez (San Salvador, 1983) es jefe de redacción de *Elfaro.net*. En Anagrama ha publicado *El niño de Hollywood*, junto a Juan José Martínez, y *Los muertos y el periodista*. Entre otros reconocimientos, en 2016 recibió el Premio Maria Moors Cabot y el Premio Internacional a la Libertad de Prensa.

Bukele, el rey desnudo

Un perfil del líder autoritario de El Salvador, el mandatario más popular de América en la última década: Nayib Bukele. Sarcástico cuando cabe y con una apuesta clara por la narración, Óscar Martínez retrata al dictador en siete capítulos, cada uno en torno a una escena reveladora. Desde 2020, el autor dirige *Elfaro.net*, el medio salvadoreño más atacado por Bukele desde que llegó al poder: ha coordinado investigaciones que han sacado a la luz decenas de casos de corrupción, violaciones masivas de los derechos humanos y pactos criminales que atraviesan todo su gobierno. El libro fue escrito en sus primeros seis meses de exilio, debido a órdenes de captura por su trabajo periodístico.

Bukele,
el rey
desnudo

Óscar Martínez
Bukele, el rey desnudo

editorial anagrama

Primera edición: enero 2026

Diseño de la colección: Compañía (lookatcia.com)

© Óscar Martínez, 2026
  c/o Indent Literary Agency
  www.indentagency.com

© EDITORIAL ANAGRAMA, S.A.U., 2026
  Pau Claris, 172
  08037 Barcelona

ISBN: 978-84-339-4886-1
Depósito legal: B. 16767-2025

Printed in Spain

Liberdúplex, S.L.U., ctra. BV 2249, km 7,4 - Polígono Torrentfondo
08791 Sant Llorenç d'Hortons

A los exiliados salvadoreños:
esto acabará. Volveremos

Dictador es dictador. De derecha o de izquierda.

Prólogo
Bukele El Salvador

Para empezar, dejémonos de rodeos: yo considero a Bukele un dictador.

Ahora, sigamos.

Nayib Armando Bukele Ortez es el hombre más poderoso y querido en El Salvador. A sus cuarenta y cuatro años, lleva seis ocupando la presidencia de una república que ya no es república. Él tiene todo el poder. Todo. Más del 80 % de los salvadoreños aprueba su gestión al mando del Estado. Esa cifra se ha mantenido allá arriba desde que en junio de 2019 llegó al poder y al menos hasta que yo entregué este texto a mediados de 2025. Es también el político internacional con más popularidad en países que no están bajo su dominio, como Chile o la República Dominicana. Desde febrero de

2024 ya no es un presidente constitucional, así lo haya elegido esa mayoría que le es devota. Para volver a ser presidente, violó cuatro artículos de la Constitución de un país que nunca logró que su democracia fuera algo más que raquítica. Es también un hombre temido: más del 60 % de sus ciudadanos, muchos de ellos amándolo, cree que puede sufrir alguna represalia si critica en público sus decisiones. Es el todopoderoso líder de El Salvador, un pequeño país de Centroamérica con alrededor de seis millones de habitantes, uno de los cuales está al borde de la hambruna. Fue electo por una mayoría aplastante en las dos elecciones en las que compitió por la presidencia. Los votantes salvadoreños le dieron en 2021 también una mayoría absoluta en la Asamblea Legislativa y él la ocupó para tomar ilegalmente el control de jueces y magistrados de la Corte Suprema de Justicia y para nombrar fiscal general de la República a un hombre que él controla. Bukele no tiene contrapesos. El Salvador no es un país gobernado por una administración ni por un Estado, sino por un hombre: Bukele.

A mis cuarenta y dos años, soy el jefe de redacción del periódico más odiado por Bukele: *El Faro*. Asumí el cargo en diciembre de 2020, apenas un año y medio después de que Bukele asumiera el suyo. Nadie ha hecho ninguna encuesta sobre mi popularidad en mi país, pero creo que, si se hiciera entre la poca gente que dijera saber de mi existencia, mis números serían catastróficos. Porque, lo dicho, mi gente, hoy, ama a Bukele. Bukele o sus súbditos en el Gobierno nos han acusado a mis colegas y a mí de ser lavadores de dinero, narcotraficantes, líderes de las pandillas e incluso traficantes de personas.

Debo reconocerlo: si yo ahora mismo me pusiera a caminar por las calles de mi país, habría riesgo cero de que un pandillero me hiciera daño. Bukele acabó con ellos. Y debo añadir también: no puedo andar por esas calles porque estoy exiliado desde mayo de 2025, cuando tras mi última publicación acerca de sus pactos con esos criminales supe que iban a capturarme en el aeropuerto de vuelta a El Salvador. Bukele me exilió.

Bukele acabó con las pandillas tras pactar con ellas durante ocho años y beneficiarse de ello para llegar a su primer cargo de importancia nacional, la alcaldía de la capital, en 2015. Volvió a hacerlo para lograr la presidencia en 2019 y para conquistar el poder legislativo en 2021. Después, cuando su pacto con esos criminales se derrumbó en 2022, exigió dos condiciones para acabar con ellos: tener todo el poder e instaurar un régimen de excepción que nos quitó a todos los salvadoreños un buen número de derechos civiles, entre ellos el derecho al debido proceso, a que policías y fiscales presenten pruebas ante el sistema judicial para que haya una captura y a que el capturado vaya a un juicio independiente donde se valore si esas pruebas son o no concluyentes. Ahora mismo, si un policía te acusa de ser pandillero –con una ficha que ese mismo policía puede elaborar en minutos–, podrías pasar años en la cárcel sin que ningún juez te haya condenado.

Según informa el propio Bukele, más de 87.000 salvadoreños han sido capturados y refundidos en solo tres años. Uno de cada cincuenta y siete ciudadanos está preso en un país que tiene la tasa de encarcelamiento más alta del mundo, casi duplicando la de Cuba. Y es que Bukele no tiene solo una cárcel, esa donde se pasean youtubers y políticos trumpistas. Bukele tiene veintidós cárceles, pero solo enseña una al mundo, y el mundo la ve, la ve y vuelve a verla. Bukele es un muy buen publicista.

Junto a otros colegas de *El Faro*, descubrí los pactos de Bukele con las pandillas y los publiqué: en 2020, en 2021, en 2022, en 2024, en 2025. Con documentos oficiales de su Gobierno, con fotografías de la cárcel de máxima seguridad de su Gobierno; con testimonios directos de los socios pandilleros de Bukele, con audios donde se escucha a esos pandilleros negociando con los jefes policiales de Bukele o con uno de sus funcionarios. Todo eso está en internet, al alcance de quien quiera verlo. Algunas de esas evidencias terminaron siendo citadas en un juicio, que aún está abierto en Nueva York, contra veintisiete líderes de una de esas pandillas; en documentos con los que el Departamento de Estado o el Departamento del Tesoro de los Estados Unidos sancionó a funcionarios de Bukele por dirigir esos pactos con pandillas como la Mara Salvatrucha-13.

Bukele sigue en el poder. Yo empiezo mi exilio.

Bukele es un hombre histórico: el político más importante de El Salvador desde que en 1992 se firmaron los Acuerdos de Paz que terminaron con doce sangrientos años de guerra civil y dieron inicio a una muy violenta paz. Acabó con los partidos de la posguerra que parecían invencibles: convirtió a la izquierda y exguerrilla del Frente Farabundo Martí para la Liberación Nacional (FMLN) en un partido que no tiene ni un solo diputado. Convirtió a la derecha histórica, financista de escuadrones de la muerte durante la guerra, la Alianza Republicana Nacionalista de El Salvador (ARENA) en un partido de cuyo último candidato presidencial no recuerdo ni el nombre.

Bukele elogiaba en público y en privado mi trabajo y el de mi periódico. Cuando llegó al poder y empezamos a vigilarlo de cerca, dejó de hacerlo y comenzó a difamarnos.

A Bukele lo quieren en gran medida porque, gracias a sus años como publicista de campañas políticas, supo venderse como un político nuevo, aunque llevara seis años como funcionario del partido de izquierda. Lo quieren porque desde la firma de los Acuerdos de Paz nunca hubo paz, puesto que los partidos que prometieron que nos conducirían en esa paz se robaron hasta el agua de los floreros después de que los salvadoreños les dieron el poder. Lo quieren porque convenció a millones de ciudadanos de que él no sería como aquel presidente de la derecha que desvió millones de dólares destinados a los damnificados de un terremoto hacia sus propias arcas y las de su partido; lo quieren porque convenció a millones de que no sería como aquel primer presidente de la izquierda que dijo que habría justicia social, mientras gastaba decenas de miles de dólares de dinero público en vestidos comprados en Miami para su esposa y su amante y en fiestas infantiles para su hijo. Lo quieren porque creen que es como él dice ser. Lo quieren porque él es muy bueno para venderse. Lo quieren porque no saben que no es como dice ser. Lo quieren –y esta es la sentencia del libro que más me dolerá escribir– porque la gran mayoría de mis compatriotas estaban desesperados, humillados y no saben de democracia ni de historia: estaban muy ocupados sobreviviendo. Estaban listos para ser engañados. Estaban ansiosos por creer.

Bukele es reconocido en el mundo porque dice hacer grandezas. Ha hecho alguna: terminó con las pandillas a las que por años cubrí, sobre las que escribí libros, constatando su barbarie cuando él ni siquiera era alcalde del pequeño municipio donde empezó su carrera. (La pregunta es: ¿cómo lo hizo?) Por lo demás, lo que él llama grandezas, tras analizarlas, vemos que no son más que alharacas. Bukele sabe muy bien que, como dijo Octavio Paz, «la mucha luz es como la mucha sombra: no deja ver». Y pone una luz enorme sobre obras inexistentes, como una ciudad Bitcoin, para que resplandezcan, aunque nadie nunca las haya logrado ver. Y pone una sombra de mediodía, densa, sobre todo lo que no quiere que se vea, como los juicios contra los miles de capturados en el régimen de excepción o los más de tres mil millones de dólares que no quiere decirnos cómo ha gastado; o sobre cosas triviales que le avergüenzan, como el contrato del local donde se vende su café en el aeropuerto de El Salvador.

He tratado de que mi trabajo y el de mi equipo espante los destellos y sombras para que la gente vea a Bukele como es. Para que vean a Bukele, el rey desnudo, como en *El traje nuevo del emperador*, el cuento danés que nos advierte: no tiene por qué ser verdad lo que todo el mundo piensa que es verdad.

Este libro trata del hombre más poderoso de mi país. Este libro lo escribe un periodista sin poder alguno en su país.

Al final, usted decidirá si el rey sigue vestido.

Bukele todopoderoso

Cuando la dictadura formalmente empezó, aquello de que la democracia muere entre aplausos se quedó corto: también hubo vuvuzelas y gritos de alegría y música y banderas agitadas y hasta disfraces festivos. Una dictadura, como verán al final, puede iniciarse también con una fábula mediocre y un juramento cuasi religioso.

Ninguna dictadura se construye de un día para otro. Algunas tardan más, cuajan menos. El dictador del país vecino, el nicaragüense Daniel Ortega, por ejemplo, tardó casi once años en pulir la suya, y para hacerlo asesinó a muchos de sus compatriotas cuando salieron a las calles para protestar en 2018. Bukele tampoco lo hizo de un día para otro, claro está, pero tardó mucho menos que otros: exactamente cinco años. Si tuviera que ubicar el momento preciso en que ese presidente se convirtió en dictador, en todopoderoso, diría que ocurrió en dos momentos, en dos discursos que juntos suman una hora y dos minutos. Ambos tuvieron lugar en 2024, con cuatro meses de diferencia, y completaron un mensaje tan simple como aterrador: conmigo o contra mí.

DISCURSO UNO

Es 4 de febrero de 2024 y Bukele, aunque las urnas acaban de cerrarse y el Tribunal Supremo Electoral no ha dado resultados, ha salido al balcón del Palacio Nacional y se ha proclamado ganador. Lo ha hecho a su manera exagerada, grandilocuente.

Se asoma con su esposa de la mano, informal, en camiseta de manga larga color caqui. Y dice, ignorando como casi siempre la mesura: «El Salvador ha roto todos los récords».

La plaza central de El Salvador, en el punto cero de la capital, está repleta de cientos de salvadoreños, algunos disfrazados de Bukele, muchos con vuvuzelas. Suenan las vuvuzelas, suenan los aplausos.

«Este día, El Salvador ha roto todos los récords de todas las democracias en toda la historia del mundo», dice.

La plaza corea: «¡Bu ke le, Bu ke le, Bu ke le!».

«Y no solo hemos ganado la presidencia de la República por segunda vez con más del 85 % de los votos, sino que hemos ganado la Asamblea Legislativa con 58 de los 60 diputados como mínimo.»

Y la plaza corea: «¡Sí se pudo, sí se pudo!».

Tiempo después, cuando los resultados fueron oficiales, sabríamos que en esas elecciones votó el 56 % del padrón electoral y que Bukele ganó con el 82,66 % de esos votos. Además, obtuvo la incuestionable mayoría de 54 de los 60 diputados.

La plaza salvadoreña no sabe que, en el México de los setenta, el Partido Revolucionario Institucional (PRI), con José López Portillo, ganó la presidencia con el 90 % de los votos. O que, en 1928, en ese mismo país vecino, Álvaro Obregón obtuvo el 100 % de los votos. La plaza ignora también que, aunque fuera en un sistema electoral distinto, en 1984, Ronald Reagan ganó la presidencia de Estados Unidos con el

97,6 % de los votos electorales por sobre su competidor y exvicepresidente Walter Mondale; o que Franklin Roosevelt destruyó electoralmente en 1936 a Alfred Landon, con el 98,5 % de votos. ¿Qué importa? Bukele acaba de decir lo que acaba de decir, que suenen las vuvuzelas. A veces, la ignorancia es festiva.

«Sería la primera vez que en un país exista un partido único en un sistema plenamente democrático. Toda la oposición junta quedó pulverizada.»

Por ignorar, la plaza ignora que en 1929 el presidente electo de México, Álvaro Obregón, fue asesinado, tan solo un año después de su triunfo, y que con ello dio rienda suelta a la creación del partido de la dictadura perfecta: el PRI. Por ignorar, la plaza también ignora que cuando Portillo ganó con el 90 % de los votos fue porque no hubo otro candidato, y que los logros, si se cuentan así, con numeritos y sin contexto, engañan.

Bukele suele hacer pausas medidas para que la plaza aplauda, para que las vuvuzelas suenen, como si presentara un show televisivo. A veces, la plaza tarda en entender la pausa y hay un breve silencio antes del aplauso, que siempre llega.

Bukele se lanza a describir, como si fuera una gesta épica, su camino a la dictadura. En un discurso cabe todo, y lo que fueron golpes autoritarios pueden presentarse como estrategias de estadista.

«En 2019 vencimos el bipartidismo que nos tenía sometidos, pasamos página, pusimos fin a la posguerra...»

Es cierto: Bukele destruyó el bipartidismo presidencial en 2019, en unas elecciones legítimas. Desde que en 1992 se firmaron los Acuerdos de Paz, en El Salvador solo había gobernado la derecha reunida en el ARENA, o la izquierda monopolizada por el FMLN. Bukele obtuvo 1.434.856 votos, y su más cercano contendiente, un joven millonario salvadoreño de la derecha, consiguió 857.054. En tercera posición, y a mucha distancia, salió el exguerrillero y excanciller salvadoreño, Hugo Martínez, con apenas 389.289 votos. Bukele no solo destruyó una lógica asumida por décadas en el país –que la presidencia solo podían ganarla ARENA o el FMLN– sino que arrasó. La noche de aquellas elecciones, la sede del FMLN parecía la sala de un velorio donde todos vestían de rojo.

«... pero no teníamos gobernabilidad. En 2021, ustedes nos dieron mayoría calificada en la Asamblea Legislativa, con lo que conseguimos, el pueblo con sus representantes, sacar a la Sala de lo Constitucional anterior, sacar al fiscal anterior, aprobar el Plan Control Territorial y, en marzo de 2022, aprobar el régimen de excepción.»

Aplausos, vuvuzelas, la plaza vuelve a corear: «¡Bu ke le, Bu ke le, Bu ke le!». Una madre que ha disfrazado a su bebé de Bukele lo alza para que alguna cámara lo capte.

Lo último dicho por Bukele desde el balcón del Palacio Nacional ha sido, en este orden, verdad, verdad sin contexto y mentira.

Verdad: los salvadoreños dieron otro gran triunfo en las urnas a Bukele en 2021. Le dieron mayoría en la Asamblea, con 56 de los 84 diputados, además de otros 8 de partidos aliados. Las leyes pasaron a ser suyas. Para entonces, Bukele aún no había cambiado la composición legislativa de 84 diputados a los 60 que la conformarán a partir de 2024, cuando habla a la plaza.

Verdad sin contexto: Bukele suele estructurar sus discursos para hacer ver que el pueblo es el que le ha dado órdenes como la de sacar a los magistrados de la Sala de lo Constitucional o sustituir al fiscal. Eso es absurdo por una razón sencilla: según las encuestas, los salvadoreños conocían tanto a esos magistrados como al que toca el chelo en la orquesta sinfónica nacional. Por su lado, el fiscal fue destituido porque había abierto una investigación contra Bukele, sus hermanos y sus funcionarios por sus pactos con pandillas y su saqueo millonario de las arcas públicas durante la pandemia. El caso, que incluía escuchas telefónicas, era tan grande que fue bautizado como «Catedral». La primera acción del fiscal impuesto por Bukele fue perseguir a los fiscales de Catedral, que ahora están exiliados. La primera acción trascendente de los nuevos magistrados fue hacer una lectura cantinflesca de la Constitución para avalar la reelección de Bukele, argumentando que la Carta Magna decía que más bien el presidente que ejerció antes de Bukele es el que no podía competir. Todo el sentido de la prohibición de que un presidente en ejercicio compita está concentrado en que quien ejerza el poder no lo pueda ocupar para reelegirse, pero los magistrados retorcieron lo que hubo que retorcer para sacar la lectura que sacaron, aunque en cuatro artículos está prohibida la reelección de forma expresa, incluso demasiado expresa. En el artículo 75 hay una amenaza: «Pierden los derechos de ciudadano [...] los que suscriban actas, proclamas o adhesiones para promover o apoyar la reelección o la continuación del presidente de la República»; el artículo 88 exige la rebeldía: «La alternabilidad en el ejercicio de la Presidencia de la República es indispensable para el mantenimiento de la forma de gobierno y sistema político establecidos. La violación de esta norma obliga a la insurrección»; ¿y qué decir de la inmaculada claridad del artículo 154?: «El período presidencial será de cinco años y comenzará y terminará el día primero de junio, sin que la persona que haya ejercido la Presidencia pueda continuar en sus funciones ni un día más».

Sobre el Plan Control Territorial hay que decir dos cosas: que en teoría estaba vigente desde que Bukele asumió su primera presidencia en 2019 y que nunca fue real, sino un cascarón publicitario; y que la reducción de homicidios, como han demostrado de sobras el periodismo e incluso entidades gubernamentales estadounidenses, ocurrió gracias a que Bukele empezó a pactar con las pandillas incluso antes de ser presidente, cuando llegó a la alcaldía de la capital en 2015.

Mentira: el régimen de excepción no estaba entre los propósitos de Bukele en su carrera para alcanzar la mayoría absoluta en la Asamblea. Nunca ofreció a los votantes un régimen policial que redujera sus derechos civiles y eliminara el proceso judicial que corresponde. Estaba muy cómodo con su pacto secreto, pero los pandilleros, socios políticos de Bukele, manifestaron incomodidad con algún aspecto del pacto de la manera brutal que aprendieron: masacrando. En plena cuarentena por pandemia, asesinaron a 76 salvadoreños en solo cuatro días. En noviembre de 2021, en solo un fin de semana, masacraron a otros 45. Y, en marzo de 2022, a 87 más durante otro fin de semana, incluyendo el día más sangriento de toda la posguerra salvadoreña: el sábado 26 de marzo, con sus 62 cadáveres regados por el país. Bukele ordenó a sus *puchabotones* decretar el régimen de excepción porque los pandilleros, sus aliados, lo pusieron contra la espada y la pared.

El pueblo, como a Bukele le gusta llamar a esa mayoría que le aplaude, sigue en la plaza aplaudiendo y coreando el nombre de su líder, que lo ve satisfecho desde el balcón del palacio.

«Me decía un periodista español... Un saludo a todos los amigos españoles buenos... me decía un periodista español de un periódico... bueno, *Lo País*... me decía: "¿Por qué quieren desmantelar la democracia?". ¿Pero de qué democracia estás hablando?, y si el pueblo salvadoreño quiere esto, ¿por qué va a venir un periodista español a decirnos lo que los salvadoreños tenemos que hacer?»

Tal como me diría un día después de eso mi colega Juan Diego Quesada, el periodista español de *El País* que hizo la pregunta: «Increíble, solo hice una pregunta».

Lo de «Lo País» es una repetición del término con el que buena parte de la ultraderecha de España desprecia al periódico *El País*.

La plaza aplaude el ataque al español. Vuvuzelas.

Después, Bukele se lanza a una diatriba que, solo interrumpida por más aplausos y más vuvuzelas, apunta a dos cosas: que los Acuerdos de Paz de 1992 fueron una farsa y que las pandillas mataron a decenas de miles de salvadoreños antes de que él las destruyera.

Los Acuerdos de Paz de 1992 no fueron una farsa, sino un trato imperfecto que terminó con una guerra civil de doce años e implicó que los que antes intentaron matarse llegaran a consensos. Las pandillas sí asesinaron a decenas de miles de salvadoreños en las décadas previas a que Bukele fuera todopoderoso. La reducción de homicidios empezó bajo la presidencia anterior a Bukele, pero fue él quien la consolidó hasta mínimos históricos gracias a sus casi tres años de pactos con los criminales y el posterior régimen de excepción. Pactos secretos y estado policial, esa fue su fórmula.

La plaza, tras el mutilado resumen histórico, vuelve a clamar a su líder: «¡Bu ke le, Bu ke le, Bu ke le!».

Bukele retoma una de sus fórmulas predilectas: enarbolar alguna de sus políticas para atacar a quien la criticó.

«Estamos a punto de ganar la guerra contra las pandillas... ¿Y qué dijeron? Están violando los derechos humanos. ¿De quién? De la gente honrada, no.»

Bukele ha conseguido masificar aquello a lo que el escritor cubano Reinaldo Arenas llamó «no ciudadanos»: personas sin ningún derecho debido a que el poder los necesita al margen. Las cárceles salvadoreñas están llenas de «no ciudadanos» desde que Bukele decretó su régimen de excepción en 2022. Si estás en la cárcel, aunque tu juicio sea secreto, aunque no haya pruebas en tu contra, aunque ningún juez te haya condenado, aunque no tengás tatuajes en el cuerpo ni antecedentes penales, sos un «no ciudadano». Más de 430 cadáveres, muchos con signos de tortura, la mayoría sin tatuajes ni condenas previas ni pruebas públicas en su contra, han salido de esas 22 mazmorras para los «no ciudadanos». Pero desde el balcón del Palacio, por la boca de Bukele, solo se habla de buenos y malos; honrados y deshonrados; pueblo y mareros; seguidores y criminales. Aplausos y nada más.

Aplausos. Vuvuzelas. La plaza está feliz.

Vale la pena recordar que desde mayo de 2021 Bukele controla plenamente todas las instancias donde se declara a alguien culpable: los juzgados y la Corte Suprema de Justicia. Controla, obviamente, también a la Fiscalía, que acusa, y a la Policía y el Ejército, que capturan. Dicho sin rodeos: Bukele puede decidir quién es malo, deshonrado, marero, criminal en El Salvador.

«Nos vieron hacer un milagro. Hay que darle la gloria a Dios.»

No podía faltar Dios. No hay que ser suspicaz para entender que Bukele, milagro mediante, es una herramienta de Dios. La plaza aplaude a rabiar a la herramienta de Dios.

Vuvuzelas.

DISCURSO DOS

Han pasado cuatro meses desde el día de las elecciones. Hoy es día de gala. Hoy es la toma de posesión del segundo periodo inconstitucional de Bukele. Hoy, por primera vez desde hace casi cien años, un hombre se mantendrá en el poder tras su ejercicio como presidente. El anterior era un general, llamado Maximiliano Hernández Martínez, y es recordado por haber perpetrado en solo una semana de 1932 la masacre de unos veinte mil indígenas que se levantaron contra las condiciones de opresión que les imponía el régimen militar y agroexportador.

Hoy, 1 de junio de 2024, es el entronamiento de Bukele, tan popular como inconstitucional.

Es un día soleado y, en la misma plaza donde dio su anterior discurso la noche de las elecciones, como si no hubiera quedado clarísimo su mensaje, teniendo en primeras filas a invitados como el argentino Javier Milei, el ecuatoriano Daniel Noboa, el rey español Felipe VI o el hijo mayor de Donald Trump, Bukele saldrá por el balcón del mismo palacio a dejar claro que lo suyo no es la democracia.

El hombre aparece vestido como nunca antes habíamos visto a un presidente, con una prenda que los salvadoreños entonces aprendimos a nombrar: levita. Es como un saco alargado, de líneas rectas, con reminiscencias militares. La de Bukele es negra. Usualmente, las levitas conservan una raja detrás, para montar a caballo e ir a algún combate o a decir algo heroico a quienes combatieron. La de Bukele no tiene raja, puesto que no pretende montar en caballo alguno, pero sí adornos dorados en el cuello alto y las mangas. A primera vista, a uno se le vienen nombres a la cabeza: Simón Bolívar, Napoleón Bonaparte, Locomía... En fin, que la prenda parece de otros tiempos y transmite cierto espíritu militar. No es la prenda que se pondría alguien que quiere infundir paz. Ya no se diga la indumentaria de sus escoltas, que van de negro y ribetes dorados, a tono con él, pero con largas capas también negras, que los hacen parecer del ejército imperial de alguna película distópica.

A diferencia del discurso anterior, hoy

Bukele se vistió de gala. Lo que va a ser casi un calco es la pompa de sus palabras.

«Este es el momento más importante de nuestra historia reciente», empieza.

Es como si nunca le hubieran enseñado adjetivos moderados como bueno, decente, noble. Para Bukele, todas sus obras son históricas, mundiales, milagrosas, insólitas, inimaginables.

«Logramos lo inimaginable...», dice y continúa con su versión de humildad, dando crédito al único a quien suele dárselo: «...pero no con nuestra fuerza o inteligencia, sino únicamente con la gloria de Dios». Aplausos. Vuvuzelas.

Agradece a su esposa. La besa en la boca.

La multitud aplaude aún más fuerte de lo que aplaudió a Dios. Aquello es como un momento cumbre de una telenovela mala.

Bukele lo nota: «Otro», dice, y le da otro beso en la boca. Los aplausos alcanzan más decibeles.

Le da otro beso en la boca, más prolongado. Más aplausos.

«Te amo, mi amor», le dice, y le da otro beso en la boca. Aún más aplausos.

Agradece a su madre, a sus hermanos, a su

padre muerto. A ningún funcionario público. «Y a este gran pueblo salvadoreño.»

Y entonces anuncia que hará una analogía y empieza a contar una fábula que, casi literalmente, va así. El personaje es alguien con una terrible suerte, alguien maldito, «un enfermo que sufría del corazón, uno de los riñones no le funcionaba, tenía hipertensión y le fallaba el hígado, aunque eran enfermedades de toda la vida». De repente, como no tenía nada que esperar, «empezó a sentirse mal», así que fue al doctor. El primer doctor le dijo que no era grave, que no se preocupara. «Se puso peor.» Fue a un segundo, tercero y cuarto médicos. Solo este último le dio un remedio. «No funcionó.» El pobre hombre, por supuesto, «empeoró». Hasta que al final resultó que tenía «un cáncer, y todo apuntaba a cáncer terminal». Quinto, sexto, séptimo doctores. Nada. «Lo estafaron.» «Le dieron un tratamiento que casi lo mata.» Aquel desdichado hombre, que al parecer era muy positivo, aún tuvo los ánimos de ir a un octavo doctor, «con un poquito de esperanza». Y este, al fin, le dijo que sí que había cura, pero que tendría que tomar «medicina amarga», y el paciente la tomó, claro que la tomó, «y siguió las instrucciones al pie de la letra hasta que el cáncer desapareció», pero solo por una razón, porque el paciente «decidió confiar en el doctor sin quejarse, apoyándolo, siguiendo la receta al pie de la letra... y empezó a disfrutar la vida».

Aquí viene el giro de la historia, que es cuando se pone rara: el paciente, ya curado del cáncer, seguía teniendo sus otros incontables problemas de salud y, por alguna exótica razón, decidió ir al quinto médico que, lejos de curar su cáncer, casi lo mata. Y ese médico, no bastándole su incapacidad como galeno, decidió hablarle mal del octavo médico, el que le curó el cáncer. Y el paciente, muy manipulable, salió de ese despacho y fue a quejarse al octavo médico. Tras escuchar los reclamos, el octavo médico, bondadoso, le contestó: «Yo te curé del cáncer y te puedo curar de los demás problemas, pero no al mismo tiempo, tenés las defensas bajas y primero hay que subirlas para intervenir el corazón», que el maltrecho hombre también tenía estropeado.

Entonces Bukele, creyendo que ya ha logrado establecer los paralelismos con los roles en la vida real de los personajes de su particular fábula, lanza a la plaza desde el balcón del palacio una de las preguntas más retóricas de los últimos tiempos: «¿A quién le harían caso, al doctor que los curó del cáncer o a los doctores que casi los mata y los estafó?».

«¡Al del cáncer!», grita la plaza.

Luego, por si alguien se perdió, explica que el cáncer era el equivalente a las pandillas, y las otras enfermedades, el equivalente a otros problemas del país. Y sigue masticando su moraleja.

«Algunos pocos han decidido escuchar a los doctores anteriores. ¿En serio vamos a escucharlos de nuevo a ellos?»

La plaza clama: «¡Nooooo!».

Dice que el nuevo tratamiento también implicará «medicina amarga». Defiende la reducción de homicidios que consiguió en sus primeros cinco años. «¿Cuánto pagaría alguien para vivir, por que no le mataran a un familiar, a un ser querido, a un hijo?»

Bukele tiene la plaza donde la quería. Ahora, desde allá arriba, vestido con su levita negra, va a iniciar una dictadura.

«Hagamos nuevamente un juramento para defender cada una de las decisiones que tomaremos en los próximos cinco años.»

Ahora va a dejar de ofrecer para exigir que le ofrezcan. «Les pido a todos que levanten una mano.»

Lo dice mientras levanta la suya, palma abierta ligeramente inclinada hacia el cielo, como si fuera un pastor neopentecostal alabando a Yahvé.

La plaza se llena de manos levantadas. Durante trece segundos Bukele no habla, y el dron de publicidad de la Presidencia tiene tiempo de sobrevolar a los creyentes y filmarlos. Es una escena religiosa, no cívica. Bukele está a punto de iniciar simbólicamente el camino que en los próximos meses lo llevará a expulsar del país a casi toda la prensa independiente, a detener por razones políticas a decenas de personas, a reformar la Constitución para aprobar la reelección indefinida, a decir que lo trae «sin cuidado» si le llaman «dictador».

Bukele, mirando hacia abajo a su pueblo, dice:

«Juramos defender incondicionalmente nuestro proyecto de nación.» Y la plaza repite.

«Siguiendo al pie de la letra...» Y la plaza repite.

«... cada uno de los pasos.»

Y la plaza repite.

«Sin quejarnos.»

Y la plaza repite.

«Pidiendo la sabiduría de Dios...»

Y la plaza repite.

«... para que nuestro país sea bendecido de nuevo con otro milagro.»

Y la plaza repite.

«Y juramos nunca escuchar a los enemigos del pueblo.»

Y la plaza repite.

«Que Dios los bendiga y que Dios bendiga a El Salvador. Muchas Gracias.»

Y la plaza aplaude.

Vuvuzelas.

Bukele internacional

A principios de 2024, un tema dominaba la agenda informativa de España. En telediarios, radio y prensa escrita, todos intentaban reconstruir lo ocurrido en el puerto de Barbate, en la provincia de Cádiz. El 9 de febrero de ese año, seis embarcaciones rápidas de mediana envergadura, de narcotraficantes o contrabandistas, se habían refugiado de un temporal entre los espigones y muelles del puerto de esa localidad. Seis agentes de la Guardia Civil, montados en una lancha Zodiac, que no es sino una lancha inflable con motor, se lanzaron a interceptar las embarcaciones. Una de ellas, una semirrígida de catorce metros de eslora, 5.000 kilos y cuatro motores de 300 caballos de fuerza cada uno, tomó distancia, aceleró y arrolló a la Zodiac de 500 kilos, seis metros de eslora y apenas un motor de 150 caballos de fuerza, como quedó registrado en varios videos. Literalmente aceleró en contra de la lanchita y le pasó encima como lo haría una camioneta a toda velocidad sobre un perro muerto. Al ver la Zodiac interponerse en el camino de la semi-rrígida, uno de los marinos que filmaba desde otro barco dijo con indignación: «¡Es la Guardia Civil, con esa mierda de lancha! Con esa mierda, con lo que tienen, claro».

Los agentes Miguel Ángel González, de treinta y nueve años, y David Pérez, de cuarenta y tres, murieron tras el impacto. Otro de ellos quedó en estado grave. Con el paso de las semanas, los cuatro tripulantes de la semirrígida, incluyendo al conductor, todos marroquíes, fueron detenidos o se entregaron.

Los partidos de derecha, principalmente Vox, el más radical, hicieron de aquello una fiesta de declaraciones que aún hoy no ha terminado: que si los responsables eran los políticos que dejaban entrar a cualquier indocumentado, que los españoles estaban hartos de blandenguerías con los africanos, que los marroquíes –así, en general– llevaban años matando españoles, que esto estaba fuera de control y que nadie hacía nada. Obvio, que ellos sí harían algo si se les diera el poder. Que ya era hora de que se les diera el poder.

Yo pasé por Madrid justo esos días, en una escala prolongada en mi ruta hacia un festival de literatura en Noruega. Soy un hombre de costumbres y siempre que paso por Madrid me siento a leer algún periódico en un bar de mala muerte de Tirso de Molina, cuyo nombre nunca he sabido, cerca de la bocacalle de Lavapiés, donde por la mañana los desdentados yonquis se empinan sus primeros tercios fríos del día antes de salir a rebuscarse; y los meseros, dos señores arrugados que aparentan una vejez que no tienen, no callan nunca. Es estupendo, en ese pequeño antro me informo por tres vías: leo el periódico, veo de reojo los telediarios que están casi siempre en la vieja tele de la pared y escucho los análisis de los prematuros ancianos que desde temprano sirven cervezas y cortados.

En la pantalla del bar, aquella mañana, dieron la noticia de la muerte de los dos guardias civiles en el puerto de Barbate.

Uno de los dos meseros, el que no se encarga de preparar bocatas, y por tanto está siempre en la barra, llevaba la voz cantante. En el bar, además de quienes entraban y salían, había dos comensales en una de las mesas: un hombre desdentado, que tomaba un tercio a sorbos minúsculos mientras liaba un cigarrillo con la parsimonia de quien no tiene más agenda en el día, y una mujer muy gorda con mechones morados en el pelo. Era obvio que ambos eran habituales. Llamaban al elocuente hombre tras la barra por su nombre: Ángel.

Ángel se quejaba de lo ocurrido: «¡Es que son unos brutos, unos mierdas! ¡Los guardias en esas lanchas de mierda y los putos árabes en esos yates!». Afuera, en el camellón de Tirso de Molina, decenas de africanos pasaban el rato en pequeños grupos. Muchos de ellos son clientes frecuentes de la barra de Ángel.

El desdentado y la gorda solo asentían. Ángel no habla, grita. «Es que son unos nenazas, todos estos políticos. Tú necesitas a un hombre de mano firme para poner en cintura a toda esa lacra. ¿Sabes como quién? ¡Eh, tú! ¿Sabes como quién?», espabiló Ángel al desdentado que de cuando en cuando se ensimismaba en su intento de liar el tabaco. Apenas levantó la vista y con ello Ángel se dio por aludido: «Como el Bukele ese. Ese sí tiene huevos». «¡Ese sí que tiene huevos!», complementó el otro mesero.

42

Y Ángel se lanzó a decir que Bukele tiene una cárcel donde está permitido matar a los «de las bandas», y que si alguien es condenado por asesinato no le dan comida si no se la llevan sus familiares, y que había acabado con «esas bandas» en solo un mes. El desdentado asentía y la gorda dormitaba.

Pedí la cuenta y con ello volví a existir en aquel bar. Ángel la puso frente a mí en un platito y aproveché a preguntar: «¿De dónde es ese Bukele?». «De por ahí, de Ecuador o algo así», respondió Ángel. «¿Y usted cómo supo de él?» «Por la tele, si está en todas partes porque nadie había hecho lo que hizo ese», respondió Ángel. Mientras salía, Ángel seguía explicando al desdentado las virtudes de Bukele, el que es de Ecuador o algo así.

Ir por el mundo siendo salvadoreño desde que Bukele es presidente es diferente. Antes, la reacción natural era una pregunta o una pregunta equivocada: «¿Y dónde queda eso?». «De El Salvador ¿en Chile o en Brasil?» Desde que Bukele llegó al poder, la reacción suele ser: «Claro, del país de Bukele».

Semanas después de escuchar al mesero Ángel decir que para resolver el problema de las costas españolas se necesitaba un Bukele, hice un tour por algunas ciudades de Noruega. En Fredrikstad me reuní con un grupo de adolescentes en su último año de colegio, todos estudiantes de español. En un momento, por curiosidad, pregunté quiénes podían ubicar El Salvador en el mapa. Ninguno. Pregunté si alguno de los más o menos treinta que eran había escuchado hablar de Bukele y cuatro levantaron la mano. Parece poco, pero no lo es: cuatro adolescentes en medio de la nieve noruega, embebidos en su vida de adolescentes del primer mundo, a casi diez mil kilómetros de El Salvador, no habían oído hablar de ese lugar, pero sí de ese hombre.

En España, un guardia civil me felicitó en el aeropuerto tras devolverme mi pasaporte: «Felicidades, tremendo presidente que tienen». En Colombia, todos los taxistas con los que conversé tuvieron palabras de elogio para Bukele. En Chile, igual. En Panamá y Costa Rica, si de los taxistas dependiera, Bukele los gobernaría. En Nueva Jersey una tarde me harté y pregunté al peluquero dominicano, que tenía media hora retrasando mi corte de pelo para detenerse a señalar las virtudes de la megacárcel de Bukele, si sabía qué era el régimen de excepción, y me dijo que no; si sabía que

Bukele había pactado con pandillas y me dijo que eso era imposible. Y al menos logré terminar mi corte de pelo en silencio.

Es abrumador porque es ir por el mundo hablando con gente cuyo argumento para idolatrar a Bukele es que vieron un programa de televisión donde salía la megacárcel; o porque son de los dieciséis millones de personas que vieron ese remedo de entrevista que en 2021 el youtuber mexicano Luisito Comunica hizo a Bukele, que cierra con Bukele diciendo «Yo casi no doy entrevistas, pero estoy seguro de que esta entrevista se va a ver más que cualquier noticiero o periódico, así que valió la pena»; o porque vieron algún pedacito de la «entrevista» que el rapero Residente, que se cree un poco todólogo, sostuvo con él en plena pandemia, en un vivo de Instagram, y donde el cantante dejó claro que sabía casi tan poco de El Salvador como el cantinero de Tirso de Molina; o quizá porque vieron aquel discurso vacío de Bukele en 2019 ante el pleno de Naciones Unidas que resonó por todo el mundo porque a miles de medios de comunicación les pareció disruptivo que Bukele se tomara un selfi desde el estrado y augurara –atinando– que el gesto sería más viral que sus palabras.

La contraparte se conoce poco. No se hizo viral cuando Bukele impidió con soldados la entrada a su conferencia de prensa a periodistas a los que consideraba incómodos, ni cómo acusó sin pruebas a un periódico de lavado de dinero en una cadena nacional, ni cómo constantemente acusa a periodistas de ser pandilleros, ni cómo en junio de 2025 había 47 periodistas salvadoreños en el exilio, según la Asociación de Periodistas de El Salvador. Tampoco son virales las ausencias: los cuatro años sin dar ni una conferencia de prensa con preguntas en el país; los seis años –todo su tiempo como presidente– sin dar ni una sola entrevista a ningún periodista salvadoreño (periodista, dije).

Bukele, que a los dieciocho años empezó a trabajar en las agencias de publicidad de su familia, que durante más de una década hicieron las campañas políticas del partido de izquierda, sabe venderse y entiende que lo importante no tiene por qué ser interesante, que el mundo le presta más atención a un selfi y a un alegre youtuber que a una hambruna o un pacto mafioso. Entiende que un eslogan importa más que una idea y, en lugar de presentar planes de políticas públicas detallados, presenta cascarones sonoros: «El dinero alcanza cuando nadie roba»; «Los mismos de siempre», como llamó a todos los políticos que no fueran él o los suyos; «Devuelvan lo robado»; «Bitcoin City», «Bitcoin Beach».

Bukele sabe que el mundo hablará más de cuando decidió cambiar su estatus en X por «Philosopher King» que del casi millón de salvadoreños al borde de la hambruna o de los cientos de cadáveres con signos de tortura que han salido de sus cárceles y que han sido enterrados bajo la misma autopsia oficial: muerte por edema pulmonar, que es tan específico como decir que alguien murió porque dejó de vivir.

Siempre lo entendió, desde que era alcalde de la capital y se lanzaba a la feria popular de agosto a una competencia en el tagadá contra La Choly, un popular personaje de radio que, distorsionando la voz, crea personajes vulgares y misóginos. Y nadie hablaba de otra cosa aquella semana más que de la previa al gran reto donde Bukele y La Choly medirían quién de los dos podía resistir más los brincos de aquella atracción de feria que gira y trastabilla intentando sacudirse a los tripulantes.

Bukele sabe venderse como un producto, y sabe que el envoltorio cuenta, por eso ya no vemos a aquel de sus primeros años como político, flaco, con pronunciadas entradas, una barba desprolija, una camiseta roja, entre la multitud de miembros de segunda del partido de izquierda, asoleándose en los mítines, sino que poco a poco mutó a un Bukele magnánimo, barba perfecta, cabello negro azabache cubriéndole todo el cráneo y aquella levita negra y con ribetes dorados –como confeccionada por el modista de Simón Bolívar y el de Michael Jackson– con la que apareció en el Palacio Nacional en 2024 para la toma de posesión de su segundo periodo inconstitucional en la presidencia. El Bukele que ustedes ven es un producto del Bukele publicista.

La suya es una imagen cuidada, pulida, lejana a otras imágenes de políticos que cargan bebés y abrazan viejitas: Bukele se vende como un semidiós, aparece allá arriba, en el balcón del Palacio, bajando de un ovni, entre fuegos artificiales, rodeado de decenas de guardaespaldas, con las manos en el rostro hablando con Dios, vestido de emperador. Y todo filmado, todo para saturar las redes. Bukele es influencer y su tema es él mismo.

Hay que decir que la competencia en El Salvador era minúscula y que a Bukele no le costó dejarla años luz atrás. Un día un periodista hizo una pregunta mínima al presidente que antecedió a Bukele, Salvador Sánchez Cerén, un viejo excomandante de las Fuerzas Populares de Liberación: «¿Cuál es su cuenta de Twitter?». Cerén, sonriendo nerviosamente como un niño antes de su examen oral, respondió que era Twitter.com.

Bukele devoró con papas a toda una clase política que no entendía de Twitter, para la que TikTok o Instagram eran unos bailes y unas fotitos que sus hijos veían en el teléfono, y YouTube unos videos intrascendentes ante los decadentes noticieros nacionales de la televisión.

Bukele entendió que, si sos de un paisito de veintiún mil kilómetros cuadrados del que pocos en el mundo pueden nombrar a dos expresidentes, es buena idea aparecer en cámara con el que compuso «Atrévete-te-te»; o hablar una hora con el incauto Luisito Comunica, que entiende la complejidad de un país como El Salvador tanto como entenderá de química avanzada; o tomarse un selfi para, de una buena vez por todas, dejar claro a las Naciones Unidas que sus formas de comunicación son obsoletas, como si alguien creyera que esas plenarias pretendieron alguna vez ser virales.

Entender eso fue solo un paso para Bukele. Su objetivo, como buen entendedor de las redes, era hacerse viral, adquirir esa nacionalidad global. Y, para ello, necesitaba hacerse desear, y poco a poco, gesto a gesto, logró dejar claro a miles de influencers de todo el mundo que hablar del dictador más cool del planeta traía visitas, y consiguió heredar el trabajo: no es raro que en un solo día se suban a YouTube cien videos con la palabra Bukele. Para llegar a España, Bukele ya no necesita moverse, de eso se encargan decenas de escandalosos muchachos y muchachas y otras decenas de autoproclamados periodistas que se la pasan «analizando» sus acciones y lambisconeando «al salvador de El Salvador», como lo bautizó una de ellas.

Y así, uno a uno, videíto a videíto, hasta llegar a los ojos de Ángel, el cantinero de Tirso de Molina. Y hasta lograr que, por ejemplo, en 2024 un 81 % de los chilenos dijera que tenía una imagen positiva de Bukele.

Como todo buen publicista, Bukele no solo quiere que lo vean, sino que vean de él lo que él quiere mostrar. Para eso, basta con proponer que cualquier ciudadano chileno, taxista colombiano, guardia civil español o peluquero dominicano conteste unas preguntas: ¿Ha visto usted imágenes de la megacárcel de Bukele? ¿Sabe usted por qué todas son iguales? ¿Sabe usted que en El Salvador hay veintidós cárceles? ¿Ha visto usted imágenes de cualquier otra cárcel de El Salvador?

Bukele suele lograr que el mundo vea el rincón que él propone. Y no solo eso, logra también que aquel que mira a donde él quiere se sienta privilegiado: exclusiva, especial, desde adentro, el infierno en la tierra, la cárcel más grande y estricta del mundo. Así presentaron decenas de periodistas su safari en la megacárcel de Bukele. Los periodistas que han entrado a ella a recibir un tour calcado suelen creer que aquello es una primicia y no otro paseíto. Y lo siguen haciendo y lo seguirán haciendo, porque da likes y corazoncitos y sus primas más miserables: las impresiones.

Como todo buen publicista, Bukele sabe que una buena idea nunca superará a una buena polémica. O, sin quedarnos cortos, a un buen pleito. Y sabe también que los odios generan más interés que las ideas. Y así se ganó el corazón de millones de colombianos después de que en 2023 Gustavo Petro criticara el triunfo de la «extrema derecha» en Argentina, y Bukele se metiera al ruedo escribiéndole en X: «Ahora dilo sin llorar». Y así se ganó el corazón de millones de chilenos cuando, después de que en una entrevista el presidente Gabriel Boric criticara las medidas represivas de El Salvador argumentando que, sin entender las causas de la violencia, suelen ser «pan para hoy y hambre para mañana», salió con todo vigor a decirle en X que «qué difícil ha de ser liderar un país teniendo tan poco sentido común», y que «gracias a Dios los chilenos son más que su presidente». Y así se comió el debate cuando Human Rights Watch criticó las medidas draconianas de sus cárceles, publicando en redes un simple apodo: *Homeboys Rights Watch*. Y de un plumazo se sacudió las críticas de la Unión Europea a su Ley de Agentes Extranjeros –calcada de la promulgada por la dictadura nicaragüense, que básicamente permite que él diga quién es agente extranjero, persona u organización, y le imponga un 30 % extra de impuestos a todos sus ingresos–, cuando escribió en X que era una pena que «un bloque envejecido y sobrerregulado... y liderado por burócratas no electos todavía insista en dar sermones al resto del mundo». Y fue aún más desfachatado para burlarse del juez estadounidense que prohibió la deportación de venezolanos apresados en aquel país y enviados en 2025 a la megacárcel del salvadoreño. Cuando el juez promulgó la prohibición, el avión con más de doscientos venezolanos ya estaba en el aire. Bukele escribió: «Oopsie... too late [ups... demasiado tarde]» y una carita riendo. Y así podría seguir describiendo ataques y mofas a Nicolás Maduro, Kamala Harris, Claudia Sheinbaum... de las que Bukele sale aparentemente ganador. Hasta que uno se detiene a pensar y se da cuenta de que es el ganador de nada, de un rifirrafe de mensajitos escritos a kilómetros del ofendido.

Pero Bukele sabe medir la estrategia. En plena campaña electoral de 2024, cuando Donald Trump competía para su segunda presidencia, y luego de que Bukele le hubiera dedicado flores y elogios desde sus redes, el estadounidense tuvo uno de sus exabruptos y en el cierre de la Convención Nacional Republicana, el rubio dijo en referencia a Bukele: «Hay un país que me gusta mucho, el presidente tiene mucha popularidad por ser un buen pastor de su país, su criminalidad está bajando, él dice que los entrena y vengo leyendo esto hace dos años y dijimos: "Vamos a ver de qué se trata" y me di cuenta de que no los está entrenando, sino que envía a estos tipos criminales, traficantes, reclusos, a Estados Unidos. Él no lo dice, trata de convencer a todos de que hace un trabajo maravilloso». Y Bukele se sacudió las ínfulas de emperador de las redes y abandonó su matonería ante el matón mayor. Escribió en su cuenta un discreto «Taking the high road», una expresión que podría traducirse como «en un plano más elevado».

Mis amigos cubanos siempre me dijeron que es muy cansino andar por el mundo escuchando cómo todos te explican cómo es tu país, así nunca hayan estado en él y por supuesto sin nunca padecerlo. Guardando las distancias históricas, ahora los entiendo mejor.

El 21 de mayo de 2025, semanas antes de asumirme como un exiliado de Bukele, terminé una pequeña gira por las oficinas de senadores y congresistas demócratas en Washington que estaban interesados en saber qué pasaba en El Salvador. Son reuniones muy desgastantes, porque duran treinta minutos en los que uno explica lo que ha visto sin poder llegar a nada profundo, y los políticos fruncen el ceño mientras su séquito de asistentes anota sin parar en unas libretas que no parece que vayan a acabar en el lugar más importante de la oficina. Tras tres días de reuniones, de despacho en despacho, con la creatividad disminuida y el vocabulario en inglés al límite, caminé para airearme por entre los abetos y cerezos que rodean el Capitolio, pensando en nada y sin gana alguna de volver a pronunciar por unos días el apellido Bukele.

Para aquel entonces, yo llevaba veintiún días sin poder volver a mi país, tras amenazas de captura por haber publicado una entrevista con dos líderes pandilleros que detallaron los pactos que sostuvieron con Bukele durante ocho años. Hice una pausa en la licorería Kogod, en la esquina de la avenida Nueva Jersey con la calle E, para comprar una dolorosa cajetilla de cigarros por diecisiete dólares. Al oír mi terrible acento, el asiático que atendía me preguntó, con un acento aún peor que el mío, de dónde era yo. Augurando lo que venía, le respondí. «De El Salvador.» «Number One Country», respondió él, y con su inglés apaleado siguió:

–¿Quieres saber por qué? –preguntó ante mi silencio.

–¿Por qué? –Es tan humillante no haber aprendido aún a sostener el silencio.

–Bukele, amigo de mi presidente Trump, no pandillas, rico con bitcoins, número uno.

–Ok, ok –le respondí y me fui a la habitación de mi hotel en Washington, ya sin ganas de hacer nada más.

Bukele ridículo

La siguiente historia se puede resumir en dos videos de YouTube publicados con dos años y medio de diferencia. Si usted teclea en el buscador de ese sitio las palabras «Bitcoin City Bukele», lo más probable es que le aparezca en primer lugar un video titulado «#BitcoinCity» y publicado el 24 de noviembre de 2021 en la página oficial de Bukele. Ese video tiene más de veintitrés mil vistas. Más abajo, quizá un tanto refundido en esa lista de cuadritos coloridos, le aparecerá otro titulado «El gringo que espera la Bitcoin City de Bukele en una playa de El Salvador», publicado en la página de AFP Español el 2 de febrero de 2024 y con más de seis mil vistas.

La portada del primero es una proyección de colores neón en una pantalla gigante: BITCOIN

CITY, dice esa carátula, entre digitales rayos fluorescentes. Y, si mantiene la pantalla en el video, empezará a correr y a explotar en luces y fuegos artificiales. Una fiesta suntuosa y brillante. La portada del segundo es un gringo flaco, solitario y en chancletas, sentado en una silla de madera sin barnizar, en una playa solitaria de El Salvador, con una palapa de palma seca de fondo. Si lo deja correr, el gringo seguirá ahí unos segundos, sentado y solitario.

Lo dicho, la historia está en esos dos videos. O quizá, si el lector es intuitivo, en los dos párrafos anteriores. Aun así, la seguiré contando, porque no tiene desperdicio.

VIDEO UNO

En un resort de una playa turística de El Salvador llamada Mizata, unos cuantos cientos de extranjeros esperan ante una enorme pantalla. Los extranjeros gritan, silban, aplauden. Fuegos artificiales vuelan detrás de la pantalla en la que aparece la animación de un hombre de espaldas, con una gorra blanca al revés. El hombre-caricatura saca un teléfono y aprieta en su celular el logo naranja del Bitcoin. Un volcán, también animado, también de mentiritas, explota en humo rosado y expulsa inofensiva lava y ceniza y rayos y una moneda con el logo de Bitcoin que gira y gira hasta tomarse toda la pantalla y brillar dorada sobreponiéndose a la explosión de colores. Los espectadores gritan más, silban más, aplauden más. Levantan sus teléfonos para registrar en video aquel gozo. En la pantallota, el hombre-caricatura muestra su cara: es Bukele con un gesto serio, gorra al revés, lentes oscuros, barba negrita negrita y perfecta. De repente, un giro inesperado: en la pantalla aparece un platillo volador en un primer plano en medio del espacio y de fondo se vislumbra la Tierra. El platillo volador se estabiliza, girando sobre sí, muy colorido, de azul fluorescente, y deja caer un rayo rojo teletransportador por el que desciende una silueta elegante. Gritos, silbidos, aplausos. Fuegos artificiales explotan otra vez ahora ante la pantalla, sale humo del escenario y el platillo gira a toda velocidad transmutando en un huracán de más rayos fluorescentes, rosa y azul, y empieza a sonar a todo trapo la canción «You Shook Me All Night Long», de AC/DC: «And you shook me all night long / Yeah, you shook me all night long...», y el huracán luminiscente transmuta otra vez y se contiene hasta formar dos palabras: EL PRESIDEN-TE, y saltan más fuegos artificiales y más humo sale de las lanzaderas del escenario como si una estrella pop estuviera a punto de irrumpir cantando entre brincos su más agradecido éxito, y más rayos despampanantes, y aparece, al fin, ahora ya de carne y hueso, el presidente Nayib Bukele, vestido de blanco, gorra al revés, todo sonrisa, micrófono en mano, y los fuegos artificiales siguen salpicando el cielo oscuro del Pacífico. Y los extranjeros no pueden estar más felices.

Y entonces, como si a aquel delirio le faltara pompa, empieza el discurso del que acaba de bajar de un platillo gracias a un rayo rojo teletransportador. El discurso es en inglés, claro.

«Me puse a pensar: cuando Alejandro Magno conquistaba el mundo, establecía alejandrías... veinte alejandrías por todo el imperio... La idea era que fueran faros de esperanza para el resto del mundo... Claro, Alejandro Magno murió, el imperio se dividió y ya saben el resto de la historia», dice Bukele asumiendo que los felices bitcoiners que filman aquello desde sus teléfonos ya saben el resto de la historia del antiguo rey que murió con solo treinta y dos años en el palacio de Nabucodonosor II de Babilonia.

Y Bukele sigue: «Entonces pensé: si queremos propagar el bitcoin por el mundo, deberíamos construir algunas alejandrías... Entonces pensé: bueno, deberíamos construir la primera alejandría aquí en El Salvador».

Atrás de él, en la pantalla, vuelve a destellar el huracán de rayitos fluorescentes.

«Así es que lo que les quiero presentar es Bitcoin City.» Y el huracán estrambótico transmuta en esas palabras: BITCOIN CITY. El público grita.

Y a partir de ahí, como si aquello no fuera ya más exótico que un gorila albino, viene la descripción de esa ciudad. Pero, antes de seguir, déjenme decir algo del país donde ocurrió aquel exceso de color. Y, luego, que siga la alucinación. Bukele es popular en El Salvador desde hace más de una década, cuando ganó la alcaldía capitalina en 2015. Pero lo es aún más desde el 1 de mayo de 2021, cuando siendo ya presidente obtuvo una mayoría absoluta en la Asamblea Legislativa, y la ocupó para sustituir ilegalmente en la primera sesión plenaria al fiscal general que lo investigaba y a los magistrados de la Corte Suprema que lo cuestionaban. Puso a sus títeres incondicionales y fue absoluto. Y lo es. Y, a partir de febrero de 2024, cuando se reeligió, violando cuatro artículos de la Constitución, fue todopoderoso. Nadie contra él. Nada que lo detenga.

Cinco semanas después de controlar los tres órganos de Estado, en 2021, Bukele ordenó a sus diputados –conocidos coloquialmente en el país como *puchabotones*– aprobar el bitcoin como moneda de curso legal. Tras solo cinco horas de discusión, ocupadas en buena medida por los discursos infértiles de la raquítica oposición legislativa, el bitcoin se convirtió en moneda nacional. Cuando El Salvador fue dolarizado en 2001, la discusión entre los diputados, si así puede llamársele, duró una semana, y aquello ya puede considerarse muy poco tiempo. Desde ese día, y por órdenes de Bukele, el país más pequeño de la región más pequeña del continente pasó a tener dos monedas: el dólar del país más poderoso del mundo y esa jerigonza llamada bitcoin.

Bukele aseguró que aquella era la moneda prometida; que un país donde alrededor del 50 % de las personas tiene economía informal –si venden en el día, cenan; si no, no– se convertiría en un país próspero gracias a una moneda que justamente implica especular –no tener preocupación por si habrá cena o no–, guardar un dinerito para esperar que suba y suba.

De los más o menos seis millones de salvadoreños que aún viven en El Salvador, casi un millón está al borde de la hambruna.

Que siga la alucinación. Nos quedamos en aquello de construir la primera Alejandría Bitcoin en El Salvador.

«Así es que lo que les quiero presentar es Bitcoin City», dijo Bukele, con un gesto de seguridad, como quien está convencido de que ha logrado controlar la fórmula para producir aplausos. Aplausos.

Y describió su Alejandría:

«Va a tener de todo: áreas residenciales, comerciales, museos», museos, dijo, «entretenimiento, bares, restaurantes, un aeropuerto, un puerto, tren», un tren, dijo, «todo en torno al bitcoin... Y un volcán le va a dar energía a toda la ciudad... Y, en el centro, una enorme plaza que desde el aire», desde el aire, dijo, «se verá como el signo de Bitcoin... El volcán, ya saben cómo funciona». ¿Ya saben? «Calentará el agua y creará vapor que impulsará la turbina que generará energía y electricidad para la minería de criptomonedas... Todo limpio y del volcán.» Aplausos. «Cero impuestos», dijo. Aplausos.

¿A ustedes les ha pasado que les han hecho una oferta tan perfecta que han dudado? ¿Dudan cuando en un restaurante les dicen que todo está incluido en el precio? ¿Preguntan cuando les ofrecen una cuota sin intereses? ¿Apuran el paso para no escuchar en la calle la monserga de alguien que sostiene un cartel que pregunta si «quieres encontrar la salvación»? En aquella fiesta, todos aplaudieron.

Pero el desvarío aún no había terminado. Bukele entonces invitó a subir al escenario a Samson Mow, el creador de videojuegos canadiense y arquitecto de los llamados bonos Bitcoin, que supo entender muy bien que aquel día de noviembre de 2021 no se trataba de hacer promesas sino de declamar épicas. Y dijo: «Esto convertirá a El Salvador en el centro financiero del mundo», del mundo, dijo. «Es la Singapur», Singapur, dijo, «de América Latina. Y, si Estados Unidos sigue en descenso, lo será de toda Norte y Suramérica. Bitcoin salvará el mundo», el mundo, dijo otra vez, «empezando aquí, en El Salvador».

Y Bukele cierra ese espectáculo ahora sí entusiasmado: «No es solo una idea cool: es la evolución de la humanidad».

De la humanidad, dijo.

«Gracias, diviértanse, los amamos», se despidió. Y los fuegos artificiales volvieron a encender el cielo oscuro de El Salvador.

VIDEO DOS

Nada explota, nadie grita. La voz forzadamente neutra de una locutora presenta las imágenes de aquel gringo solitario: «Corbin Keegan es conocido como el gringo en esta playa del sureste de El Salvador. Hace dos años y medio que llegó al país centroamericano con el sueño de ser de los primeros habitantes de Bitcoin City».

Keegan, que nació en Chicago y trabajaba de lo que saliera, como camionero o en granjas de la zona, ya llevaba algún tiempo viviendo en El Zonte, una playa que el bukelismo y algunos alegres bitcoiners intentaron rebautizar como Bitcoin Beach, y que desde hace décadas atrae a surfistas de todo el mundo por su extraordinario oleaje. Ahí, en 2019, un grupo de criptoentusiastas que no tenían nada que ver con el Gobierno inició un experimento para crear la primera economía local basada en criptomonedas, y tuvo un cierto éxito. Por pintoresco, dio la vuelta al mundo entre las noticias con las que se rellenan periódicos y noticieros. En ellas, aparecían un campesino vendiendo granizadas y aceptando bítcoins o una pupusera en sandalias vendiendo las de queso y revueltas a cambio de esa moneda virtual. Ese escenario particular atrajo a algunos turistas y aminoró la miseria de algunas familias, pero seguía siendo un experimento muy local y muy alternativo. Hasta que, cuando Keegan escuchó que en la otra punta del país, al pie de un volcán, se levantaría una ciudad Bitcoin, se puso audaz y pensó en grande: quiso ser el primer habitante de Bitcoin City.

El gringo Keegan creyó al pie de la letra las promesas de un político sobre una Alejandría Bitcoin. Pobre gringo Keegan.

Keegan se mudó a Playa Blanca, en el municipio de Conchagua, en el departamento de La Unión, creyendo que pronto todo eso dejaría de llamarse así y se llamaría Bitcoin City y que él sería el ciudadano número uno de esa metrópoli que, como prometió el presidente, sería «la evolución de la humanidad», «Alejandría».

Hay que decir que Keegan puso de su parte a la hora de tener fe ciega en el proyecto de un político que más que ideas tiene ocurrencias, pero también hay que decir que el gringo Keegan, que tan fácil se deslumbra con despampanantes promesas, siguió recibiendo estímulos para creerse el cuento.

Seis semanas después de que Bukele bajara de un platillo volador para anunciar la meca de los bitcoiners, divulgó en su cuenta de Twitter unas fotografías donde aparecía con el arquitecto y exyerno del magnate mexicano Carlos Slim analizando una imponente maqueta dorada, toda dorada, como una ciudad de oro. Aquella deslumbrante metrópoli sería Bitcoin City. Bukele luego aclaró, para que nadie se despistara ni creyera en cuentos de hadas, que obviamente la ciudad no sería dorada, que solo la maqueta lo era, que la ciudad sería más bien verde, repleta de árboles.

Y el gringo Keegan viendo todo aquello desde alguna hamaca, iba reforzando la imagen de sí mismo como un visionario.

En el video habla Keegan, dos años después de aquella fiesta de colores y aquella maqueta dorada: «Era algo que yo había pronosticado hace diez años, le decía a la gente que un día un país adoptaría el bitcoin y ellos pensaban que estaba loco. Y entonces llegó el momento. Nunca había oído hablar de El Salvador, pero me enteré de la existencia del nuevo presidente de Bitcoin».

Quizá la frase más importante de lo dicho por el gringo Keegan es la siguiente: «Nunca había oído hablar de El Salvador».

En el video, Keegan sale acostado en una hamaca. Atrás de él, la champa que él mismo construyó gracias a la bondad o piedad de una familia de pescadores locales que le dio donde vivir mientras la megalópolis se erigía. Es un cuartito de seis metros cuadrados, de ladrillo visto y techo de lámina.

«Pero dos años después, no se ha colocado ni un ladrillo de la Bitcoin City», nos recuerda la anodina voz de la narradora del video.

«Me dijo que si le podíamos dar nosotros (espacio) acá», cuenta el pescador Carballo, con su acento campesino. «Perfecto, le dije yo, que estaba bien. A pues, ya fue cuando él hizo su cuartito acá... Y después él ya nos puso amor como familia. Él dice que nosotros ya somos su familia.»

«Mientras espera», sigue la anodina voz en el video de febrero de 2024, «Keegan se mantiene con pequeños trabajos en la zona y no pierde las esperanzas».

En una de las paredes de la champa que el gringo Keegan construyó en el traspatio de los pescadores pobres, pintó sobre el gris ladrillo el símbolo naranja de Bitcoin. Es una buena metáfora visual de lo que ocurrió: ni turbinas impulsadas con vapor ni alejandrías ni trenes ni museos ni ciudad ni bares ni restaurantes, y tampoco nada dorado ni brillante ni verde. Una pinta en una pared descolorida hecha por un gringo crédulo, eso es Bitcoin City años después de haber sido anunciada.

Cuatro meses después de que se publicara el video, Keegan regresó a Estados Unidos.

Tres años después de que Bukele descendiera de un platillo volador en medio de una noche iluminada por fuegos artificiales, en enero de 2025, ordenó a sus *puchabotones* que eliminaran el reconocimiento del bitcoin como moneda en El Salvador, con lo cual a partir de ese momento cualquier gringo puede usarla si quiere, como en cualquier país del mundo, pero ya no es moneda nacional. Bukele tomó esa decisión porque, lejos de que la evolución de la humanidad se iniciara en El Salvador, el pequeño paisito siguió siendo un paisito pobre y endeudado y a su Gobierno no le quedó otra que pedir un préstamo de 1.400 millones de dólares –no de bitcoins– al Fondo Monetario Internacional, el cuco de los bitcoiners, que lo condicionó a desarmar la Ley Bitcoin a cambio de sus dólares.

Y esa es la ridícula historia de Bukele, Bitcoin City y el gringo Keegan.

Bukele cruel

Es difícil mirar la fotografía. A primera impresión, repele, pero deja grabados en el recuerdo inmediato detalles demasiado impactantes como para no volver a verla: las gruesas suturas que recuerdan a las costuras de los primeros balones de fútbol. La chapucería de cada una de las puntadas, como si hubieran cosido un saco de maíz y no la piel sobre el cráneo. La intensa marca morada alrededor del cuello. La última imagen de Alejandro Muyshondt, quien fuera amigo de Bukele y su asesor presidencial de Seguridad Nacional, es difícil de mirar. Brutal.

Muyshondt duró solo seis meses en las cárceles salvadoreñas. Fue capturado por orden de Bukele el 9 de agosto de 2023 y murió, en condiciones atroces, en febrero de 2024, a sus cuarenta y seis años.

Bukele y Muyshondt eran amigos. Familiares del exfuncionario aseguran que se conocían desde la adolescencia. Ambos pertenecen a familias acomodadas del país. La fotografía más conocida de ellos es de agosto de 2017, cuando Bukele era el alcalde izquierdista de la capital. Aparecen los dos de bracete, todo sonrisas, vestidos de negro, con chalecos de protección, guantes de seguridad y ropa especializada para el combate: de las marcas Empire y Dye, de unos ciento cincuenta dólares la camisa y algo más el pantalón con refuerzo antimpactos.

El combate era de mentiritas: atrás de ellos, un campo verde salpicado de enormes estructuras donde esconderse. Ese día, en las afueras de San Salvador, Bukele y Muyshondt se entrenaban para un combate de paintball que ocurriría como cierre de las fiestas patronales de la capital gobernada por Bukele entre el equipo del entonces alcalde y otro liderado por el ya mencionado locutor radial, tan popular como vulgar, conocido como La Choly. En la foto, Bukele sostiene la pistola de bolitas de pintura. Como era de esperar, el equipo de Bukele ganaría la batalla.

Ese mismo día, Muyshondt había entrenado previamente a Bukele en algunos movimientos tácticos. Se lo tomaban en serio. Basta con ver la vestimenta: iban más equipados que los policías salvadoreños. Los jugadores casuales de paintball suelen ponerse su peor ropa y ya, a darle rienda suelta a la guerra de mentiritas.

Muyshondt, ya antes de ser asesor de Bukele, era un devoto de las armas, los equipos militares y todo lo que pudiera dispararle algo a alguien. En su círculo cercano le llamaban Tiroloco, por esa afición a las pistolas y los fusiles.

Una sola escena lo ilustra con contundencia: en noviembre de 2013, un ciudadano denunció en redes que le robaron el teléfono y que, gracias a las fotos que se tomaron los ladrones con su aparato –y a que tenía vinculado a otros dispositivos– pudo identificar que había terminado en un puesto del Centro de San Salvador, donde acumulaban todo tipo de material robado: piezas de carros, joyas, relojes y, claro, teléfonos móviles.

Sin que nadie se lo pidiera, Muyshondt se enfundó un chaleco antibalas negro, un casco a medio camino entre el de un ciclista de montaña y un comando especial, una máscara antigás, una pernera donde llevaba una pistola semiautomática y guantes negros con los que sostenía un fusil AK-47. Aquel hombre grueso de 205 libras y 1,75 metros, en cuya tez blanca resaltaban los tatuajes de los brazos, se lanzó en busca del supuesto ladrón al centro capitalino, como vengador de aquella víctima asaltada. Días después diría que iba dispuesto a capturarlo y llevarlo a la Policía, aunque parecía que iba camino a ejecutarlo.

Cuando Muyshondt les preguntaba por el supuesto ladrón, la gente en el centro se reía de él o se asustaba. Vendedoras de tomates, comerciantes de papas, peluqueros y panaderos respondieron, como era de esperar, que no sabían nada. En las redes, aquello generó algunos elogios al justiciero de la capital y muchas burlas. En una de ellas se apuntaba que, si para recuperar un teléfono iba así de equipado, no sería capaz de cargar con todo lo que se llevaría a una guerra de verdad.

El teléfono no fue recuperado. La Policía, que no supo cómo reaccionar, dijo que, ante tan *sui generis* situación, estaba evaluando cómo proceder. Muyshondt se convirtió en un personaje más del violento folklore salvadoreño: el justiciero Muyshondt, aunque nunca logró hacer justicia. Seis años después de aquella incompleta hazaña, en 2019, Muyshondt fue nombrado por Bukele como el único asesor presidencial de Seguridad Nacional.

Hay que decirlo, el cargo de Muyshondt resultó ser tan de mentiritas como aquella guerra de pintura: el asesor se tomaba fotografías para redes sociales elevando drones militares en la frontera con Guatemala, tan porosa como un queso emmental. Le fascinaban ese tipo de aparatos. Pero lo dicho, nadie le hacía mucho caso. Muyshondt escribió varias cartas al presidente donde le decía que tenía muchas ideas, pero que nadie lo escuchaba. «Se te aprecia mucho», se despidió en alguna de esas cartas.

Después de su muerte, diferentes medios sacaron a la luz más cartas y audios que él mismo grababa. En todos ellos, en el fondo, pedía atención. En una reunión con un hermano de Bukele y con uno de sus primos, presidente de Nuevas Ideas, el partido de Bukele, les dice que puede boicotear las elecciones legislativas de 2021 si los resultados no son los que esperan. Empecinado en actuar como un espía, Muyshondt habla de Rusia y Estados Unidos y la Guerra Fría; de «ataques» digitales que él haría parecer originados en Ucrania o Bulgaria. Los parientes de Bukele apenas le responden; alguna frase genérica, algún monosílabo de vez en cuando.

En estos audios, Muyshondt se grababa principalmente a él mismo hablando a veces compulsivamente. En uno, asegura que boicoteó a dos medios salvadoreños y que les generó costos por 50.000 dólares. Aquello ocurrió, pero el entonces asesor lo exageró.

En otro de los audios, mientras habla con Ibrajim, hermano de Bukele, le suplica que lo inviten al evento del segundo aniversario en la presidencia, que entiende que no le «tomen foto ni nada de eso», pero que «se sentiría bien participar». En otra de las grabaciones, Muyshondt discute con Ernesto Castro, ahora presidente de la Asamblea Legislativa y amigo de infancia de Bukele, un operativo de espionaje contra periodistas y políticos, justo en 2020, el año en que muchos fuimos obsesivamente intervenidos con el software espía israelí Pegasus. Pero lo que Muyshondt plantea en esa reunión es algo mucho más pedestre, conocido como *phishing*, que necesita que la víctima pinche un enlace. Las intervenciones con Pegasus habían comenzado hacía dos meses, y es obvio que el asesor presidencial de seguridad no sabía nada. El presidente de la Asamblea, que entonces era secretario privado de la Presidencia de Bukele, le pide a Muyshondt, así en general, que vaya a «joder» a algunos medios de prensa. Y Muyshondt le pide que por favor le den un «poquito de publicidad»: «La gente piensa que soy una maceta».

Y así andaba el asesor, muy poco discreto para ser espía, grabando y escribiendo a mucha gente, incluido el senador independiente de Estados Unidos Angus King, que nunca mostró particular interés en El Salvador, a quien le envió una carta diciendo que el embajador estadounidense no lo recibía y que en el Gobierno de Bukele se hacía «poco o nada para eliminar la corrupción, la narcoactividad y luchar contra el crimen organizado» y que tal o cual político aliado era narcotraficante del Cártel del Golfo.

Demasiadas cartas, demasiadas quejas para un espía.

En julio de 2023, inexplicablemente, el entusiasta asesor presidencial llegó a otro nivel: publicó un post en su cuenta de X donde mostraba unos paquetes y sugería que eran droga que un diputado de Bukele había traído desde México. Era un diputado, como casi todos, de poca relevancia y ningún poder de decisión, un mero *puchabotones* de Bukele, del que pocos salvadoreños conocíamos el nombre.

Un mes después, en agosto de 2023, mientras Muyshondt todavía era asesor de la Presidencia, Bukele publicó un largo post en la red social X. En muchas palabras decía dos cosas importantes: que Muyshondt había sido capturado y que filtraba información a periodistas y al expresidente Mauricio Funes. Bukele, para ese 2023, ya hablaba desde sus redes asumiendo que controlaba todo el aparato del Estado. Lo acusó de «doble agente» y por poco no dijo cuándo y a cuántos años lo condenarían.

Lo de la trama con el expresidente de izquierda era absurda: Funes llevaba escondido en la dictadura de Nicaragua desde 2016, tres años antes de que Bukele fuera presidente y Muyshondt tuviera acceso, si es que algún día lo tuvo, a alguna información importante como su asesor de seguridad.

La Fiscalía, ya al servicio de Bukele, justificó la captura con un «informante secreto» y dos pantallazos de supuestas conversaciones entre Muyshondt y Funes que fueron publicados días antes por dos panfletos propagandísticos del bukelismo. Allanaron su casa, la de su pareja, la de su madre. Muyshondt estaba frito: muchos esperábamos que fuera condenado a varios años y permaneciera preso hasta que Bukele considerara que ya nadie se acordaba de él. Al fin y al cabo, no se había metido con nadie importante del Gobierno y había hecho múltiples intentos por que su excompañero de paintball lo recibiera unos minutos y así poder contarle lo que creía haber descubierto. Pobre Muyshondt, pensábamos, se terminó su carrera de espía, la que siempre quiso.

No dimensionábamos aún lo que significaba una traición para Bukele. Muyshondt no llegaría vivo ni al día de su juicio.

Lo que vino después fue un espectáculo de crueldad.

En los seis meses que el examigo de Bukele estuvo preso, su familia no sabría nada sobre su estado de salud, nadie les diría que había perdido setenta libras, que había tenido una hemorragia cerebral, que había perdido el habla, la capacidad de tragar y la movilidad en la mitad del cuerpo tras cuatro cirugías cerebrales y que durante semanas estuvo internado en el ala penitenciaria del hospital siquiátrico; que tenía que usar pañales y que cuando estaba consciente y los policías le leían cargos tenía la mirada perdida y apenas podía entender. Que aquel hombre al que le gustaba recorrer a pie las fronteras de El Salvador junto a militares también desarrolló en prisión, según los médicos, cáncer de estómago, metástasis, hipertensión arterial, meningitis, fallo multiorgánico y shock distributivo.

Su madre suplicó para saber su paradero y poder entregarle medicamentos, pero el juez, también controlado por Bukele, impuso «reserva total» –es decir, secreto– a todo el juicio por «motivos de seguridad nacional». Con el tiempo, la organización Human Rights Watch calificaría aquello como «desaparición forzada».

Su madre, desesperada, hizo una súplica pública a la esposa de Bukele: «Gabriela Rodríguez de Bukele, como madre, apelo a ti. ¿Puedes ponerte en mis zapatos y en los zapatos de miles de madres de El Salvador y no sentir la angustia que sentimos? ¿Qué sentirías al ver a una de tus hijas así, entre la vida y la muerte? ¿No quisieras abrazarlas? Yo sí».

La señora hacía referencia también a las madres de decenas de miles de personas capturadas durante el régimen de excepción que Bukele publicitó desde 2022 como el único remedio contra las pandillas. Para ese entonces, ya se había demostrado que miles de capturados no eran pandilleros ni tenían tatuajes ni siquiera tenían antecedentes penales y que los policías detenían a discreción e incluso armaban las fichas de acusación después de haber metido a la cárcel a los capturados. Casi trescientos cuerpos, muchos de ellos con signos de tortura, con agujeros, mutilaciones, heridas, habían sido escupidos por las cárceles del régimen para aquel final de 2023. Algunos de los pocos que salieron libres contaron lo que habían visto: hombres colgados de vigas. Algunos, boca abajo. Bolsas negras para asfixiar, mujeres bañando a sus bebés con lejía para evitar la sarna carcelaria, cadáveres de hombres que murieron de las palizas propinadas por los custodios. Cadáveres apilados en el patio. «Sacaban enfermos a la cancha, el guardia les pegaba en la cabeza y ya no despertaban», recordó un campesino que sobrevivió. «Estaban desnutridos, como las imágenes de los campos de concentración», dijo un joven ferretero de veintiocho años que logró salir. «Yo veía cómo lamían el suelo por el hambre», dijo un profesor de escuela que estuvo en cuatro de esos centros de crueldad.

En octubre de 2024, Human Rights Watch publicó un informe elaborado por el Grupo Independiente de Expertos Forenses, formado por 42 especialistas de 23 países, que trabaja para el Consejo Internacional para la Rehabilitación de las Víctimas de la Tortura. Tras analizar las dos mil páginas del registro hospitalario que el Gobierno de Bukele entregó a la familia de Muyshondt, los expertos internacionales concluyeron que era imposible seguir el rastro exacto de lo que pasó al otrora amigo del todopoderoso salvadoreño. Los documentos eran fotocopias desorganizadas, ilegibles y, sobre todo, no había imágenes del TAC que determinaran a qué se debían las cicatrices en el cráneo y la hemorragia cerebral. Los expertos recordaron al final de su informe que «un traumatismo craneoencefálico es una de las causas más comunes de la hemorragia cerebral». En términos sencillos: que un fuerte golpe en la cabeza de Muyshondt podía haber causado el sangramiento de su cerebro.

Pero el Estado no presentó más documentos que aquellas copias mediocres de papeles difíciles de leer y ordenar. Aunque el Gobierno de Bukele dijo que hubo una autopsia, nunca se entregó a la familia ni se hizo pública. Lo único que se le dio a la madre de Muyshondt a manera de conclusión fue una hoja de papel escrita con lapicero azul, donde un forense del régimen decía que la causa de la muerte era un edema pulmonar: ahogamiento por líquido en los pulmones, otra condición más que puede ser consecuencia de recibir una paliza. Por si no fuera suficiente crueldad, abajo de la paginita el forense escribió que su autopsia era «preliminar» y estaba «pendiente de estudio».

El papelito de la autopsia de Muyshondt es calcado al de los más de 430 cadáveres de presos que murieron en las celdas de Bukele y que entre 2022 y mediados de 2025 han sido entregados a sus familiares o incluso enterrados sin el permiso de ellos.

Siete años después de aquella fotografía en la que Bukele y Muyshondt se preparaban para disparar pelotitas de pintura, el cadáver del asesor presidencial fue entregado a su madre por el régimen de Bukele, tras 183 días sin ver a su hijo, con aquellas costuras inmensas surcando su cabeza y su pecho. Después de verlo, ella se sentó en una acera en la calle y sin apenas gestualizar declaró: «Si ustedes se meten en internet y buscan qué es una lobotomía... Incapacitan al ser humano de todas sus funciones cognitivas ¿Y qué era lo más preciado que tenía mi hijo? Su inteligencia, pero lo silenciaron. Lo silenciaron a la manera de Klaus Barbie [el torturador de la Gestapo] del tiempo nazi... Yo pensé que había visto la maldad personificada, pero no, esto gana a todo».

Bukele distractor

Por supuesto, aquel despelote surtió el efecto deseado. Es inolvidable.

Era domingo 9 de febrero de 2020. Bukele llevaba apenas ocho meses en la presidencia y aún no controlaba la Asamblea Legislativa. Faltaba un año y tres meses para que lo hiciera, para que conquistara el poder absoluto. La pandemia estaba por llegar, pero aún no sabíamos nada de ese virus que luego nos atormentaría.

Vestido con una ligera chaqueta azul y camisa blanca, Bukele llegó a media tarde a la Asamblea Legislativa rodeado por un primer círculo de quince escoltas del batallón presidencial, todos de blanco. En un segundo círculo, decenas de militares totalmente equipados:

uniforme verde olivo, chalecos antibalas, fusiles largos, cascos de combate. Otro pelotón de soldados había tomado el recinto legislativo y las cuadras aledañas desde el día anterior. Y, revoloteando como moscas alrededor de todo aquello, unos cincuenta camarógrafos de diferentes medios, pero sobre todo de dependencias del Gobierno controlado por Bukele. Algunos drones filmaban desde el cielo la entrada de Bukele al Palacio Legislativo.

Unos días antes, Bukele había convocado a los diputados a una reunión extraordinaria en la que, según él y quién sabe por qué, ese domingo le aprobarían los 109 millones de dólares que él venía exigiendo a la Asamblea desde hacía meses. Bukele afirmaba que eran para financiar la tercera etapa de un plan secreto que se llamaba Control Territorial y con el que él aseguraba, sin mostrar prueba alguna, estar reduciendo los homicidios.

Con el tiempo, se demostraría que aquel plan nunca existió. Con el tiempo, otros colegas y yo revelaríamos que la reducción de homicidios se debía a un pacto entre Bukele y los líderes de las tres principales pandillas que involucraba disminuir los homicidios a cambio de beneficios carcelarios y evitar las extradiciones a Estados Unidos. Pero esa es otra compleja historia.

Aquel soleado día, mientras Bukele caminaba a paso decidido hacia el salón principal de la Asamblea Legislativa, una turba de cinco mil personas esperaba afuera. No eran espontáneos. Bukele los había convocado para que aplaudieran y lo acompañaran en esa ocasión, y les había insinuado que, si los diputados no hacían lo que él quería, disolvería el primer órgano de Estado.

En los techos de los edificios cercanos asomaban francotiradores del Ejército que vigilaban la autoritaria marcha de su líder. Bajo amenazas de abrir las puertas a patadas, los militares habían forzado al encargado de las llaves a abrir el Salón Azul, donde se hacen las plenarias y se reforman leyes en El Salvador.

La gran mayoría de los diputados de la oposición, que no habían aceptado aprobar el préstamo sin que Bukele les contara para qué lo quería, no fueron tan idiotas como para presentarse ese domingo. Era la invitación a su linchamiento público. La gente estaba enardecida. Bukele se había pasado toda la semana anterior insultando a los diputados y acusándolos de querer que las pandillas asesinaran salvadoreños y «ver correr la sangre por las calles».

Por eso, cuando ese domingo antes de marchar rumbo al Salón Azul se dirigió hacia la multitud y les dijo que le permitieran entrar a pedir consejo a Dios, la multitud gritó un profundo «Nooo». No querían ni consejo ni Dios ni espera. Querían ver arder aquel lugar. Pero Bukele, a quien el gesto se le ensombreció un poco, insistió en que le dejaran entrar y hablar con Dios y que luego «la decisión estará en ustedes»; y entonces sí aquella masa brava, respondió con un «Sí» desganado. Bukele dijo «Dios los bendiga, pueblo salvadoreño. Espérenme acá», y se fue para el Salón Azul.

En fin, que Bukele caminaba por la alfombra roja que le habían dispuesto, mientras sonaba la marcha presidencial. Entró por en medio de un pasillo formado por unos cincuenta militares vestidos de gala. Sus guardias privados tenían que abrirle espacio ante las decenas de cámaras que intentaban filmarlo, en el golpe legislativo más elegante y protocolario del que Latinoamérica tenga memoria. Usurpó la silla del presidente del primer órgano de Estado. «Está muy claro quién tiene el control de la situación», dijo mirando a su alrededor. Soldados, cámaras. Faltaba un elemento para tener el retrato más sincrético de Bukele. «Nos vamos a poner en manos de Dios», dijo. Retrato completo. Todo el despliegue estaba listo, solo faltaba empezar el show: cerró los ojos, juntó sus manos como un cuenco frente a su rostro, aceleró la respiración, apenas movió los labios, como murmurando, frunció el ceño, se llevó las manos al rostro, los pequeños espasmos indicaban que Bukele lloraba, sus manos temblaron sutilmente, parecía secarse unas lágrimas que nunca terminaron de aparecer, miró hacia el cielo. Se levantó y, así como entró, salió.

Bukele quiso hablar con Dios y Dios le contestó de inmediato. El show duró un minuto y lo tuvo todo: un protagonista, muchos actores secundarios, militares, tensión, Dios. Y un montón de cámaras, claro.

Bukele salió. La multitud lo esperaba, o más bien esperaba la orden de destruir aquel recinto. Bukele les dijo que había quedado claro que «si quisiéramos apretar el botón, solo apretamos el botón». «¡Apretémoslo!», respondió la multitud que, durante unos segundos no dejó hablar a su líder. «Pero yo le pregunté a Dios y Dios me dijo: paciencia», dijo Bukele. «¡Nooo!», gritó la multitud durante varios segundos, y será la única vez que se ha escuchado a una turba bukelista gritar ese monosílabo ante la dupla Dios-Bukele. «Paciencia», repitió Bukele.

Pero a diferencia de la ira, la paciencia no es fácil de convocar: «¡Hoy, hoy, hoy!», respondió la multitud, y Bukele movió las manos como pidiendo comprensión a la turba que él mismo congregó y agitó. Soldados y custodios empezaron a moverse nerviosos en el escenario. Bukele pidió a la masa que le dieran una semana y que, si los diputados no hacían caso, regresarían y tomarían el primer órgano de Estado. La turba siguió exigiendo que eso ocurriera ese mismo domingo de cielo azul. Bukele se quedó mudo durante un minuto. «Dios es más sabio que nosotros», dijo bajando la voz en el micrófono. «Una semana, señores», dijo ya a modo de súplica. El más sonoro «¡Nooo!» fue la respuesta. «Ningún pueblo que va en contra de Dios ha triunfado», insistió Bukele, ya sacando los últimos trucos de la manga para apaciguar lo que él alborotó. El monosílabo de la turba siguió siendo el mismo. El nerviosismo de soldados y custodios era cada vez mayor. «Oren ustedes mismos, pidan sabiduría a Dios ustedes mismos», suplicó Bukele. «Una semana, señores.» Al fin lo logró. Un nuevo grito se impuso en la multitud por un breve momento: «¡Una semana, una semana, una semana!». Bukele aprovechó: «Que Dios bendiga nuestro país El Salvador... Yo los amo y daría mi vida por ustedes», y se bajó del escenario mientras muchos volvieron a gritar «¡Hoy, hoy, hoy!».

Tras aquello, quizá a Bukele le quedó claro que a veces los tiempos de Dios no son perfectos y que el pueblo, si es que el pueblo es aquella turba enfurecida que él convocó, no siempre es suyo. A punto estuvo de terminar destruido el Palacio Legislativo, contra la voluntad de Dios y de Bukele. Y nada de aquello ocurrió realmente por un préstamo frustrado para ningún plan de seguridad. Todo aquel despliegue que se tomó la agenda nacional por semanas se desató por otra razón, por un cálculo de popularidad.

«Bukele entiende la política como un conflicto perpetuo: su acierto está en elegir siempre el conflicto e ir ganándolo siempre», me dijo días después un miembro del Gabinete Presidencial de Bukele para explicarme lo ocurrido. «Lo que pasó en la Asamblea no tenía nada que ver con ese préstamo, sino con elegir el conflicto», me explicó.

Desde el día que llegó a la presidencia, los funcionarios de Bukele siempre exigieron hablar desde el anonimato. Se las veían con un líder que solía incluso regañar vía Twitter a quien no le contestara rápido una orden girada por él en esa misma red social. Hágase tal cosa, tuiteaba Bukele en su primer año, y si el funcionario aludido no respondía en minutos recibía una llamada de su jefa de gabinete o directamente una reprimenda pública del presidente.

El mes previo a la toma de la Asamblea Legislativa por parte de Bukele, decenas de ciudadanos empezaron a quejarse en redes sociales de falta de abastecimiento de agua potable. Algunos subían videos de agua café saliendo de sus chorros y aseguraban que además tenía mal olor. Desde el gobierno respondieron que era un problema en una planta potabilizadora, que no tardarían en solucionarlo. Pero el problema persistía. Para finales de enero de 2020, ya eran cientos de comentarios y videos y post y tuits, todo eso que tanto importa desde siempre a Bukele, todos quejándose de lo mismo. Y la versión gubernamental se complejizó: ahora resultaba que unas algas de un río se habían filtrado a una planta de distribución que repartía agua a 1,2 millones de personas en el área metropolitana de San Salvador, la región más poblada del país.

La ministra de Salud de Bukele declaró que había que hervir el agua, que ella lo había hecho y se la había tomado y no había ningún problema. Su poco afortunada intervención fue como echarle sal a una babosa. Las redes sociales se retorcieron como suelen retorcerse: memes, burlas, insultos. «Ya me salió una quinta oreja y se me derritió un ojo, ministra, ¿será que la estoy hirviendo mal?», decía uno de los memes.

El Gobierno desplegó decenas de pipas con agua y también envió a sus funcionarios a repartir botellas de agua, pero de los chorros seguía saliendo aquel líquido turbio que se prestaba tanto para los memes. Para mayor escarnio, los funcionarios de Bukele montaron muy mal el show y algunos formaron cadenas humanas para hacer llegar, del camión a las casas, botellas de un litro de agua. Y entonces los memes ya eran un espectáculo total y muy divertido, si uno no era Bukele, funcionario de Bukele o víctima del agua turbia, por supuesto.

El 21 de enero ya sumaba la tercera semana de una crisis de imagen que combinaba quejas y burlas contra un hombre que se encontraba en plena construcción de un proyecto autoritario. Una muy mala situación para alguien que quería infundir miedo y devoción.

La situación obligó a Bukele a hacer algo inédito en sus meses de presidencia, algo que nunca volveríamos a ver de esa manera: apareció en conferencia de prensa pidiendo disculpas a la población, diciendo que sus funcionarios se habían equivocado, pero que no tenían malas intenciones. «Cuando hay quejas en redes sociales, tómenlas como un insumo», reprendió a sus funcionarios.

Mientras la promesa de solucionar la crisis del agua llegaba, los memes seguían.

Bukele era frágil.

En medio de aquello, casi todos los diputados de la oposición habían retirado a Bukele el apoyo para el préstamo de 109 millones de dólares para la tercera fase del Plan Control Territorial. Se quejaban de que nunca les habían rendido cuentas de las primeras dos fases ni les habían explicado en detalle en qué se gastaría el siguiente desembolso. Mientras, los diputados de la oposición hacían fiesta con el problema del agua turbia, citando a declarar a las comisiones legislativas a varios funcionarios de Bukele. Entonces, Bukele entendió que tenía enfrente su salida a la prolongada crisis de imagen.

«El gobierno hace mediciones semanales de redes sociales, lo del agua salía en semáforo rojo», dijo otro miembro del gabinete.

Pero ese mismo funcionario me explicó que desde hacía tiempo tenían un as bajo la manga, una carta demoledora, y solo estaban esperando para usarla: «Desde un mes antes se tenía esta carta: la Asamblea Legislativa es la más odiada. En las encuestas sale como la peor evaluada y la gente hasta paga para ir a putear a los diputados».

La toma militar del Parlamento salvadoreño encabezada por Bukele no tuvo nada que ver con diferencias ideológicas ni con tramas castrenses urdidas en clandestinidad ni con planes de seguridad, sino con un agua enturbiada y un alud de memes.

El jueves 6 de febrero de 2020, los ministros recibieron la orden de alistarse para ir a apoyar a Bukele a la Asamblea Legislativa el domingo 9 de febrero. Ese mismo día, los diputados habían sido convocados por Presidencia a una sesión extraordinaria. Se cancelaron todos los actos institucionales, incluso las reuniones internacionales que el Gobierno salvadoreño tenía pactadas. Todos tenían que estar disponibles para apoyar a Bukele. No había tiempo para misiones binacionales ni cositas por el estilo.

El viernes 7 de febrero, la Policía retiró a los 504 escoltas asignados a los diferentes diputados. A muchos los trajeron en carros policiales a las casas de los legisladores de los que tenían que hacerse cargo. A todos les quitaron las armas. Algunos de ellos aseguraron que tuvieron que echarlas en un enorme guacal. Ese día Bukele publicó doce tuits exigiendo a los diputados llegar a la convocatoria del domingo y recordando a soldados y policías que el préstamo de seguridad era para su bienestar. Bukele estaba decidido a conseguir deshacerse de su imagen frágil.

El domingo 9, antes de usurpar el Salón Azul, frente a la muchedumbre y lleno de confianza, antes de que Dios le pidiera paciencia, Bukele se burló de los diputados: «Los diputados se quedaron sin seguridad doce horas, ¡doce horas!, y todavía están poniendo el grito en el cielo: llamaron a la OEA, a la ONU, a la comunidad internacional, a la Unión Europea, a la Comunidad del Anillo, al Consejo Jedi, llamaron a todo el mundo para decir: "¡Ay! Nos quitaron la seguridad". Doce horas sin seguridad y se estaban haciendo en los pantalones».

Después, usurpó junto a militares el primer órgano de Estado. Ya nadie bromeaba en redes sobre el agua turbia.

El lunes 10 de febrero, la comunidad internacional reprobó públicamente lo ocurrido, incluso el encargado de la Embajada de Estados Unidos, Ronald Johnson, el representante de Trump.

El martes 11, la canciller de Bukele y también su jefa de gabinete citaron a sesenta miembros del cuerpo diplomático en el país a una reunión privada de la que luego obtuve el audio. Aquello fue una crisis internacional. Las funcionarias de Bukele trataron de vender un cuento inverosímil: que la gente se había agolpado frente a la Asamblea de forma espontánea, que Bukele llegó más bien a calmarlos. Entre los diplomáticos se escucharon risitas. Tras cincuenta y dos minutos de disparates, el embajador de Japón, Kazuyoshi Higuchi, cambió el tono del diálogo: «Buenas noches, no sé si podré explicar bien en español... Tenemos mucho interés en mejorar la imagen del país, para hacer más cooperación, para llevar más inversión, mejorar la seguridad pública, etcétera, etcétera. Perder una imagen buena es un día, pero recuperar imagen se tarda más tiempo. Por eso, el acontecimiento en la Asamblea afectó a casi todos los diplomáticos y fue mala imagen, pero recuperar la imagen del país tarda mucho tiempo. Yo espero que no repitan para el próximo, no sé... Mañana, sábado o domingo, no repitan... Van a perder más confianza con los diplomáticos».

Y entonces más diplomáticos se atrevieron a criticar el intento de golpe legislativo en aquella reunión. Sin embargo, con el paso de los días, el agua turbia quedó en el olvido. El préstamo fue aprobado un mes después por la Asamblea. La comunidad internacional pasó página, como suele hacerlo.

Un grupo de colegas del periódico investigamos y descubrimos con enorme sorpresa aquella trama. No lo podíamos creer. Un hito autoritario de nuestro país había sido impulsado por memes. Trabajamos un mes en la historia. La confirmamos. Obtuvimos audios, documentos, entrevistas, testigos, policías, funcionarios de Bukele, militares, diputados. Un día antes de publicar, llamamos a los implicados, incluida la oficina de prensa de la Presidencia, para pedirles su reacción. Les dijimos que la publicación era inminente, que saldría el miércoles 11 de marzo de 2020 al final de la tarde, y que si no respondían saldríamos con su silencio.

Pero, de nuevo, Bukele es muy ágil para que la gente vea donde él quiere que vean o quizá tiene la ventura de que incluso las calamidades le jueguen a favor. La misma tarde de nuestra publicación, Bukele fue uno de los primeros presidentes del mundo en anunciar cuarentena nacional por covid-19. Nuestro reportaje fue muy poco leído. Se tituló «La historia detrás del día en que Bukele se tomó la Asamblea Legislativa».

Bukele anti-Bukele

Podría escribir muchos capítulos más, pero todo libro tiene que terminar. Y que este acabe, pues, concediendo a Bukele lo que más disfruta: hablar sin interrupciones. Todas las palabras entrecomilladas que leerán en este capítulo las dijo Nayib Armando Bukele Ortez. Muchos de los tuits que aparecen, que él escribió e intentó borrar cuando llegó a la presidencia, fueron recuperados y publicados por *El Faro* en enero de 2024 bajo el título: «Los 144 tuits borrados de Nayib Bukele». Que hable Bukele y, después, que hable Bukele.

1. «Si nuestra política es mala, imagínenla si no existieran periodistas. ¿Vieron que importantes son? ¡Felicidades periodistas!» (Bukele,

en enero de 2013, cuando era alcalde de la izquierda en Nuevo Cuscatlán. Bukele intentó borrar el tuit).

Versus

«Estas personas [los periodistas] son intocables. No se les puede criticar, ni cuestionar, no han sido electas por nadie, pero tienen fuero. Ellos sí pueden criticar, atacar, acusar, calumniar y recibir salario (entre otros) por hacerlo.

»Quieren que la libertad de expresión sea solo para ellos» (Bukele, en sus redes sociales en septiembre de 2020, cuando ya era presidente).

«Esta basura, sobrino de un genocida, dice que: "Las pandillas cumplen un rol social NECESARIO en El Salvador"» (Bukele, en sus redes sociales en abril de 2022, cuando ya era presidente, al referirse a una frase sacada de contexto del periodista y antropólogo Juan Martínez d'Aubuisson, investigador de las pandillas desde 2008).

«No somos perfectos... Pero ¿corrupción? No sean imbéciles» (Bukele, en sus redes sociales en octubre de 2024, cuando ya era dictador, atacando a periodistas que descubrieron el millonario enriquecimiento de su familia durante su presidencia).

2. «Vos sos un periodista de altura, Carlos Dada...» (Bukele, en sus redes sociales en enero de 2017, cuando era alcalde de la izquierda en la capital, en referencia al director y fundador de *El Faro*. Bukele intentó borrar el tuit).

Versus

«¿Quiere decir que cualquier lavador de dinero, narcotraficante o evasor fiscal, solo tiene que poner un periódico y entonces ya nadie puede investigarlo?» (Bukele, en sus redes sociales en septiembre de 2020, cuando ya era presidente, tras acusar a Carlos Dada y a *El Faro* de lavado de dinero en cadena nacional, sin presentar ninguna prueba, y semanas después de que el medio descubriera con documentos oficiales que llevaba un año pactando con la Mara Salvatrucha-13 la reducción de homicidios a cambio de apoyo electoral).

3. «Lo dije y lo repito: en los últimos días he encontrado en Norman Quijano un amigo. Parece que a algunos les molesta» (Bukele, en mayo de 2015, cuando era alcalde de la izquierda en la capital, en referencia al exalcalde capitalino de derecha, Norman Quijano. Bukele intentó borrar el tuit).

Versus

«Negociaron con la sangre del pueblo. Hay pruebas de que financiaron actos terroristas. Lo menos que podemos exigir es la renuncia de Norman Quijano (como diputado) y que el fiscal general, Raúl Melara, procese a los involucrados por violación a la Ley Antiterrorista» (Bukele, en sus redes sociales en octubre de 2019, cuando ya era presidente y un año antes de que publicáramos que él también negoció con las mismas pandillas para llegar al poder).

4. «¿Por qué los "defensores de la vida" no defienden el derecho de Beatriz a vivir? Tal vez son defensores del "fanatismo", que es diferente» (Bukele, en sus redes sociales en abril de 2013, cuando era alcalde de la izquierda en Nue-

vo Cuscatlán, en referencia a Beatriz, una mujer de escasos recursos y de zona rural que, debido a múltiples padecimientos graves y a que los médicos habían diagnosticado que su embarazo era inviable, pidió a la Corte Suprema de Justicia de El Salvador permiso para abortar. Tiempo después, se lo negaron. Su hija murió a las cinco horas de nacida, agravando el cuadro médico de la madre. Bukele intentó borrar el tuit).

Versus

«Yo que no legislo y no soy juez, es una opinión personal, no estoy a favor del aborto y algún día nos vamos a dar cuenta de que es un gran genocidio» (Bukele, en marzo de 2020, cuando ya era presidente, en entrevista virtual con el cantante René, de Calle 13).

5. «En cuanto al Gobierno chino, anunciamos hoy que revisaremos las condiciones de la apertura de relaciones diplomáticas con ese país, ya que evidentemente sí les interesa inmiscuirse en nuestra política interior» (Bukele, en sus redes sociales en noviembre de 2018, cuando ya era candidato a la presidencia por el

partido de derecha GANA. Bukele intentó borrar el tuit).

Versus

«La cooperación china viene sin ataduras, y no lo digo por hacerles propaganda, porque estoy seguro de que no la necesitan, pero es la realidad, al menos a nosotros jamás nos han puesto una atadura» (Bukele, en agosto de 2022, cuando ya era presidente, al inaugurar un parque de diversiones en la costa salvadoreña construido con cooperación china).

6. «El FMLN siempre ha sido el partido que representa las aspiraciones históricas del pueblo salvadoreño. Es importante que eso se mantenga así» (Bukele, en sus redes sociales en junio de 2014, cuando era alcalde de la izquierda en Nuevo Cuscatlán por el FMLN. Bukele intentó borrar el tuit).

Versus

«ARENA y el FMLN no son basura, son peor que eso. Negociaron con la sangre de nuestro pueblo. Mil veces malditos» (Bukele, en sus redes sociales en febrero de 2020, cuando ya era presidente, y en referencia a que los dos partidos pactaron con las pandillas. Meses después publicaríamos que él también lo hizo).

7. «"Si avanzo sígueme, si me detengo empújame, si retrocedo mátame." Ernesto Che Guevara. ¡Feliz cumpleaños, Che!» (Bukele, en sus redes sociales en junio de 2012, cuando era alcalde de la izquierda en Nuevo Cuscatlán. Bukele intentó borrar el tuit).

«Debemos tomar lo bueno de Cuba y no tomar lo malo de Cuba... Yo he estado en Cuba varias veces de vacaciones, pero el sistema de salud de Cuba... Cuando tú vas aquí al hospital Rosales, por ejemplo, y ves a la gente haciendo cola en un hospital que literalmente se está cayendo, donde no hay medicinas, y ves esos hospitales en Cuba donde la salud pública es de primera calidad, tanto que incluso gente de Estados Unidos va a Cuba a curarse, quisieras tener un sistema de salud pública como el cubano; cuando tú ves aquí niños durmiendo en la calle y ves a Cuba, que es el único país del mundo que no tiene niños durmiendo en la calle... Porque hasta en París... En Cuba es el único país donde no ves niños durmiendo en la calle, cero analfabetismo, el sistema educativo de Cuba es uno de los mejores del mundo, a diferencia de nuestro país, donde se están cayendo las escuelas. Nos ganan en ballet, en danza, en arte, en deporte, es el país latinoamericano con más medallas olímpicas de todos... Hay cosas que no debemos copiar de Cuba, pero creo que Cuba es un pueblo amigo y del que podemos tomar muchos ejemplos... Puedes caminar a las 2 de la mañana en Cuba con total seguridad...» (Bukele, en una entrevista televisiva en 2017, cuando era alcalde de izquierda de la capital salvadoreña).

Versus

«Este es un país libre, no como los países donde están los referentes que ellos [la oposición] admiran. Que ahí no hay libertad ni hay pollo, además. No se puede encontrar una pieza de pollo en todo Cuba, por ejemplo, en el supermercado, ya no se diga en un restaurante, que no existen» (Bukele, en un discurso de febrero de 2025, cuando ya era dictador, donde prometió un nuevo aeropuerto en El Salvador).

8. «A este ritmo, Nicaragua –que tenía 20 años de atraso– dejará atrás a toda Centroamérica. Parece que los sandinistas no se comieron a los niños» (Bukele, en sus redes sociales en enero de 2014, cuando era alcalde de la izquierda en Nuevo Cuscatlán. Bukele intentó borrar el tuit).

«Independientemente de si nos gusta o no el estilo de Gobierno de Hugo Chávez, Venezuela tuvo elecciones libres y su pueblo habló» (Bukele, en sus redes sociales en octubre de 2012, cuando era alcalde de la izquierda en Nuevo Cuscatlán. Bukele intentó borrar el tuit).

Versus

«Dictadores como Maduro en Venezuela, Ortega en Nicaragua y Juan Orlando en Honduras jamás tendrán ninguna legitimidad, porque se mantienen en el poder a la fuerza y no respetan la voluntad de sus pueblos. Dictador es dictador. De "derecha" o de "izquierda"» (Bukele, en sus redes sociales en enero de

2019, cuando era candidato a la presidencia de El Salvador por un partido de derecha).

9. «Los que tengan familiares en Estados Unidos: por favor, llámenlos y pídanles que voten por Barack Obama» (Bukele, en sus redes sociales en noviembre de 2012, cuando era alcalde de la izquierda de Nuevo Cuscatlán. Bukele intentó borrar el tuit).

Versus

«Felicitaciones al presidente electo de los Estados Unidos de América, Donald Trump. Que Dios le bendiga y lo guíe» (Bukele, en sus redes sociales en noviembre de 2024, siendo el primer presidente en felicitar en público a Trump tras su victoria, y cuando los resultados no eran oficiales).

10.«¡Feliz cumpleaños, Profesor Salvador Sánchez Cerén! Gracias por enseñarnos siempre a luchar por un ideal» (Bukele, en sus redes sociales en junio de 2013, cuando era alcalde de la izquierda de Nuevo Cuscatlán, en referencia a Salvador Sánchez Cerén, excomandante guerrillero y en ese entonces vicepresidente de El Salvador. Cerén asumió la presidencia en 2014, antes que Bukele. Bukele intentó borrar el tuit).

Versus

«El expresidente Salvador Sánchez Cerén es oficialmente un prófugo de la justicia. Por cierto, salió de nuestro país vía frontera terrestre en diciembre 2020 y jamás regresó» (Bukele, en sus redes sociales en julio de 2021, cuando ya era presidente de El Salvador).

11. «Para ser viejo y sabio hay que ser joven y estúpido. Definitivamente, estoy en joven y estúpido» (Bukele en sus redes sociales en julio de 2012. Bukele intentó borrar el tuit).

Versus...

FIN

Índice

Nuevos cuadernos Anagrama